Obras del Pastor Robert Wieland
1

El Evangelio en Daniel

Un Enfoque Cristo-Céntrico

Edición original

Robert J. Wieland

Copyright ©2023

LS Company

ISBN: 978-1-0882-1241-7

Contenido

Prefacio 5

Capítulo 1—En El Palacio del Rey 8

Capítulo 4—Mayor que el Más grande en la Tierra 50

Capítulo 5—La Escritura Misteriosa 60

Capítulo 6—Leones Hambrientos que no Comen 69

Capítulo 7—El Mundo Elige A Su Nuevo Gobernante . 78

Capítulo 8—Un Capítulo Central en la Biblia 97

Capítulo 9—La Aritmética en el Evangelio 117

Capítulo 10—¿Oraciones sin Respuesta? 133

Capítulo 11—Justo Antes del Fin 140

Capítulo 12—Daniel ve el fin del mundo 172

Apéndice 187

Prefacio

Se suele dejar el postre para el final, pero esta vez comenzamos por las buenas nuevas: ¡puedes comprender el libro de Daniel! Jesús nos animó a que lo leamos, y lo entendamos (Mateo 24:15).

Es cierto que a Daniel se le dijo: "cierra las palabras y sella el libro", pero sólo permanecería cerrado y sellado "hasta el tiempo del fin", en cuyo momento tendría lugar un cambio: "el conocimiento aumentará" (Daniel 12:4). Actualmente estamos viviendo en ese "tiempo del fin".

La implicación de lo dicho por Jesús es que Dios y sus santos ángeles quieren que comprendas el mensaje de ese precioso libro. Millones de personas están leyéndolo ahora en todo el mundo. Como nunca en la historia, la Biblia ha venido a ser "lámpara [a nuestros] pies, y lumbrera [a nuestro] camino" (Salmo 119:105).

Dios la dio hace mucho tiempo por amor a ti. "Los santos hombres de Dios hablaron siendo inspirados por el Espíritu Santo" (2 Pedro 1:21). Otros la han preservado durante las edades al costo de gran sufrimiento y hasta martirio. Es mediante la Biblia como Dios habla hoy a los corazones humanos.

Daniel ha sobrevivido a los ataques de quienes pusieron en duda su inspiración. Descubrimientos modernos que incluyen piezas de información enterrada en Oriente Próximo confirman que ese libro fue escrito por el profeta, mientras este vivía en lo que hoy es el territorio de Irak. Jesús, el Hijo de

Dios y Salvador del mundo, tuvo algo especial que decir sobre él. Respecto al "profeta Daniel" dijo: "El que lee, entienda" (Mateo 24:15). No destacó de ese modo ningún otro libro de la Biblia.

Antes de abrir el libro haz algo especial: inclínate ante Dios y pídele que el Espíritu Santo sea tu maestro. "Ciertamente yo derramaré mi espíritu sobre vosotros y os haré saber mis palabras" (Proverbios 1:23). El Espíritu Santo "os enseñará todas las cosas" y "os guiará a toda la verdad" (Mateo 14:26 y 16:13). "Pedid, y se os dará; buscad, y hallaréis; llamad, y se os abrirá" (Mateo 7:7). Esas promesas han de tener una especial aplicación al libro de Daniel.

Pero seamos cuidadosos. Algunos son "indoctos e inconstantes" y "tuercen" [esas y otras escrituras] "para su propia perdición" (2 Pedro 3:16). "Ninguna profecía de la Escritura es de interpretación privada" (2 Pedro 1:20), lo que significa que nadie tiene el derecho a imaginar su propia interpretación personal sobre ella. "Acomodando lo espiritual a lo espiritual" (1 Corintios 2:13) es el camino. Dispondremos de la ayuda del mismo ángel a quien Dios dio la orden: "Gabriel, enseña a este [Daniel] la visión" (Daniel 8:16). Si Dios quiso que Daniel la comprendiera, con seguridad hará que nosotros la comprendamos.

Hay "eruditos" que creen que el libro de Daniel fue escrito por un novelista, no por un auténtico profeta. La idea de base es que no existen los milagros (ni la inspiración). Según ellos ningún "profeta" del siglo VI antes de Cristo pudo predecir eventos futuros tal como Daniel pretendió. Por lo tanto — insisten— el libro es una falsificación que tuvo lugar alrededor del siglo II antes de Cristo. Algún novelista desconocido inventó esos relatos acerca de un hombre imaginario a quien llamó Daniel. Entonces intentó hacer creer a la gente que se trataba de profecías.

Pero existen ciertos hechos:

(1) El lenguaje que Daniel empleó no es del tipo que habría empleado un escritor posterior; es el propio del tiempo del auténtico Daniel del siglo VII o VI antes de Cristo.

(2) No habría sido posible que un autor de una época posterior (como el siglo II antes de Cristo) conociese detalles históricos exactos de cuatro siglos atrás; por ejemplo, que Belsasar fue el último rey de Babilonia. El autor de Daniel demuestra haber vivido realmente en el tiempo de la caída de Babilonia y el comienzo del Imperio medo-persa.

(3) Si el libro de Daniel hubiese sido una falsificación, su autor habría sido culpable de un crimen capital, ya que afirmó estar refiriendo visiones que el propio Señor le había dado: "El profeta que tenga la presunción de pronunciar en mi nombre una palabra que yo no le haya mandado pronunciar... ese profeta morirá" (Deuteronomio 18:20). ¿Pudo Cristo Jesús —el Hijo de Dios, el Salvador del mundo— estar engañado al creer que Daniel fue un profeta verdadero, si es que realmente no lo fue? Jesús se refirió a él como "el profeta Daniel" (Mateo 24:15).

Este libro acepta a Daniel como una profecía inspirada.

No es la intención de este libro abrir nuevo camino mediante algún descubrimiento brillante de carácter histórico o teológico. La finalidad propuesta es encontrar el evangelio en el libro de Daniel, de una forma en que tenga sentido para el lector común. Ojalá este esfuerzo te traiga horas de provecho y felicidad.

Robert J. Wieland

Capítulo 1—En El Palacio del Rey

Daniel 1:1-2*: En el tercer año del reinado de Joacim, rey de Judá, vino Nabucodonosor, rey de Babilonia, a Jerusalén, y la sitió. El Señor entregó en sus manos a Joacim, rey de Judá, y parte de los utensilios de la casa de Dios; los trajo a tierra de Sinar, a la casa de su dios, y colocó los utensilios en la casa del tesoro de su dios.*

Nos situamos aquí en un tiempo emocionante de desastre nacional. Se trataba del verdadero pueblo de Dios cuyos cautivos estaban siendo transportados a Babilonia tras sufrir una derrota en la guerra. Dios los había elegido para ser su tesoro especial en la tierra y para dejar brillar su luz, de forma que todas las naciones pudieran conocer las gloriosas nuevas de la salvación de Dios para todos los pueblos. Pero ahora viene esta tragedia.

¡Qué pena! ¡Aquel pueblo del verdadero y único Dios jamás debió ser conquistado y sometido en cautividad a Babilonia! ¡Cómo debían divertirse, burlarse y reír de la religión del pueblo de Dios los soldados paganos! Aunque Jerusalén procuró defenderse, su causa era desesperada, ya que fue el propio Señor quien "entregó" en manos de Nabucodonosor al rey Joacim y a su pueblo. "Si Jehová no guarda la ciudad, en vano vela la guardia" (Salmo 127:1). Pero aquel pueblo no quiso que el Señor guardara su ciudad, sino que confió en su poderío militar.

Profetas enviados por Dios repitieron las advertencias, prediciendo el desenlace si eran desoídas. El propio Moisés había declarado que si daban la espalda a los mandamientos de Dios serían llevados cautivos a tierras paganas (Levítico 26:33-35; Deuteronomio 28:64). Jeremías, un profeta posterior, recordó a Judá que de haber permanecido fieles a Dios y de haber guardado el sábado como día santo, Jerusalén habría permanecido incólume por siempre como ciudad gloriosa (Jeremías 17:24-27; 2 Crónicas 36:20-21). En los días del rey Jeroboam, Elías repitió la advertencia profética (1 Reyes 14:15), y también lo hizo el profeta Amós (Amós 5:27). Ciento veinte años antes que sucediera, Isaías puso en claro que Jerusalén sería tomada por los de Babilonia, el preciso pueblo a quien el insensato rey Ezequías había mostrado con orgullo sus tesoros reales (Isaías 39:6-7). Puesto que el pueblo de Dios no quiso dar oído a las advertencias de sus profetas, al Señor no le quedó otro remedio excepto retraerse y entregarlos a la destrucción que las naciones paganas traerían sobre ellos.

Los padres debieran considerar que fue por causa de la maldad del rey Manasés, el hijo no bien educado y falto de conversión de Ezequías, por lo que vino todo el mal sobre Judá. Manasés hundió a la nación entera hasta tal punto en la idolatría y el paganismo, que no fueron capaces de recuperarse sino hasta después de los setenta años del exilio babilónico (Jeremías 15:4). Los niños vienen a ser una bendición o bien una maldición para el mundo, dependiendo de cómo los han educado los padres.

Daniel 1:3-5: *Y dijo el rey a Aspenaz, jefe de sus eunucos, que trajera de los hijos de Israel, del linaje real de los príncipes, muchachos en quienes no hubiera tacha alguna, de buen parecer, instruidos en toda sabiduría, sabios en ciencia, de buen entendimiento e idóneos para estar en el palacio del rey; y que* *les enseñara las letras y la lengua de los caldeos. Y les señaló el rey una porción diaria de la comida del rey y del vino que él bebía; y que los educara durante tres años, para que al fin de ellos se presentaran delante del rey.*

El plan de Nabucodonosor consistía en enriquecer el gobierno de Babilonia con los talentos de aquellos jóvenes, y a la vez convertirlos de forma gradual a la religión pagana de los caldeos. Él estaba seguro de que su religión pagana era la verdadera. ¿Acaso sus dioses no habían derrotado al Dios de Israel?

Por entonces aquellos jóvenes tenían probablemente menos de veinte años, habiendo sido ya "instruidos en toda sabiduría, sabios en ciencia, de buen entendimiento". Eran el equivalente a los gurús de la informática de nuestros días.

Daniel 1:6-7: *Entre ellos estaban Daniel, Ananías, Misael y Azarías, de los hijos de Judá. A estos el jefe de los eunucos puso nombres: a Daniel, Beltsasar; a Ananías, Sadrac; a Misael, Mesac; y a Azarías, Abed-nego.*

El nombre hebreo Daniel significa "juez de Dios"; Ananías, "don de Dios"; Misael, "el que es como Dios"; y Azarías, "ayudado por Jehová". Los nombres caldeos que se les dieron honraban diversas deidades paganas. Los caldeos esperaban lograr que aquellos judíos olvidaran su instrucción precedente en el amor y servicio a Jehová, y que en su lugar aprendieran a adorar a ídolos paganos.

Gracias a Dios porque en medio de la maldad y apostasía de Judá y Jerusalén hubo unos pocos hogares donde se preservó la reverencia a Dios. Aunque no conocemos su nombre, la madre de Daniel merece un gran honor. Su hijo, ahora lejos de casa y rodeado de una vida cortesana de maldad y degradación, permanecía fiel a la enseñanza verdadera recibida en su hogar. Su valor y su apuesta firme por la verdad animó a sus tres compañeros a mantenerse igualmente fieles. ¡Nuestro mundo necesita más padres y madres como los de Daniel! Y gracias a Dios hoy los sigue habiendo.

Daniel 1:8: *Daniel propuso en su corazón no contaminarse con la porción de la comida del rey ni con el vino que él bebía; pidió, por tanto, al jefe de los eunucos que no se le obligara a contaminarse.*

Daniel reconoció algo que el apóstol Pablo enseñó muchos años más tarde: que el cuerpo humano es templo del Espíritu Santo. Sabía que contaminarlo con comida o bebida inapropiada es un pecado contra nosotros mismos y contra nuestro Creador (1 Corintios 3:16-17; 10:31). Su fortaleza de carácter era el resultado de la firmeza de propósito. Sabía cómo decir '¡NO!' a la tentación con una tal determinación, que el tentador se tenía que alejar de él. La notable claridad de ideas de Daniel y su energía eran resultado de su fiel adherencia a hábitos saludables en la comida y la bebida. Está también a nuestro alcance disfrutar de esa misma bendición en la medida en que controlamos nuestros apetitos y pasiones, en lugar de permitir que estos nos controlen a nosotros.

Daniel 1:9-10: *Puso Dios a Daniel en gracia y en buena voluntad con el jefe de los eunucos; y el jefe de los eunucos dijo a Daniel: —Temo a mi señor el rey, que asignó vuestra comida y vuestra bebida; pues luego que él vea vuestros rostros más pálidos que los de los muchachos que son semejantes a vosotros, haréis que el rey me condene a muerte.*

Ese pequeño detalle nos da una pista respecto al contexto social. Entre "los hijos de Judá" (versículo 6) había otros en aquel mismo grupo, que evidentemente no seguían los principios de temperancia enseñados al pueblo de Dios. Pudieron llegar a ridiculizar o hasta perseguir a Daniel por su deseo de permanecer fiel hasta en un país extranjero. Hasta el día de hoy la más amarga persecución que un cristiano puede sufrir procede frecuentemente de sus propios hermanos que supuestamente comparten la misma fe. El ridículo es un arma letal en la persecución.

Daniel 1:11-16: *Entonces dijo Daniel a Melsar, a quien el jefe de los eunucos había puesto sobre Daniel, Ananías, Misael y Azarías: —Te ruego que hagas la prueba con tus siervos durante diez días: que nos den legumbres para comer y agua para beber. Compara luego nuestros rostros con los rostros de los muchachos que comen de la porción de la comida del rey, y haz después con tus siervos según veas. Consintió, pues, con ellos en esto, y probó con ellos durante diez días. Y al cabo de los diez días pareció el rostro de ellos mejor y más robusto que el de los otros muchachos que comían de la porción de la comida del rey. Así, pues, Melsar se llevaba la porción de la comida de ellos y el vino que habían de beber, y les daba legumbres.*

La palabra hebrea que aquí se ha traducido "legumbres" es la misma que se tradujo "semilla" en Génesis 1:29. Ese era el plan original del Creador para la alimentación del hombre. "Os he dado toda planta que da semilla, que está sobre toda la tierra, así como todo árbol en que hay fruto y da semilla. De todo esto podréis comer". Así, la dieta de Daniel no era monótona, sino diversa. Incluía frutos, granos, frutos secos y otros vegetales, junto a la maravillosa bebida que Dios nos dio para nuestra sanidad: el agua pura y los zumos de fruta sin fermentar. Aquellos jóvenes disfrutaban realmente de un banquete a permanencia.

Tal como Daniel esperaba, tras diez días de aquella dieta tan sencilla como nutriente, su salud era excelente, lo mismo que la de sus tres compañeros. Podían estudiar fácilmente. Hoy es tan cierto como entonces que una dieta y hábitos saludables contribuyen a la fortaleza mental y moral. Los estudiantes en la escuela no tienen por qué seguir a la multitud. Pueden disfrutar siendo diferentes, y seguir el ejemplo del joven Daniel.

Daniel 1:17-21: *A estos cuatro muchachos Dios les dio conocimiento e inteligencia en todas las letras y ciencias, y Daniel tuvo entendimiento en toda visión y sueños. Pasados, pues, los días al fin de los cuales había dicho el rey que los llevaran, el jefe de los eunucos los llevó delante de Nabucodonosor. El rey habló con ellos, y no se hallaron entre todos ellos otros como Daniel, Ananías, Misael y Azarías; así, pues, permanecieron al servicio del rey. En todo asunto de sabiduría e inteligencia que el rey los consultó, los halló diez veces mejores que todos los magos y astrólogos que había en todo su reino. Así continuó Daniel hasta el año primero del rey Ciro.*

El profeta Ezequiel se refirió al carácter de Daniel como un ejemplo del que poseerán quienes sirvan a Dios en los últimos días de la historia del mundo (Ezequiel 14:20). Están por suceder grandes eventos en los cielos y la tierra, que ellos necesitarán entender a fin de estar en sintonía con lo que Dios va a hacer. Por esa razón el pueblo de Dios vivirá hoy de forma saludable y temperante, tal como hizo Daniel en el palacio real.

La indulgencia en el apetito fue el primer gran pecado de la raza humana (Génesis 3:6). La gracia de Cristo es mucho más abundante que toda la seducción de la naturaleza pecaminosa que hemos heredado por nacimiento del Adán caído. Tras ayunar cuarenta días, Jesús fue más tentado de lo que nosotros podemos serlo. Él da a todos gratuitamente su gracia para vencer. Recibamos el don. Dijo nuestro amigo y hermano el apóstol Pablo: "Olvidando ciertamente lo que queda atrás y extendiéndome a lo que está delante, prosigo a la meta, al premio del supremo llamamiento de Dios en Cristo Jesús ... Todo lo puedo en Cristo que me fortalece" (Filipenses 3:13-14; 4:13).

Es imposible hacer una estimación del enorme sufrimiento que hay en el mundo claramente relacionado con el apetito desenfrenado. Allá donde se mire vemos obesidad, enfermedad cardíaca, cáncer de pulmón debido al vicio de fumar, cirrosis hepática causada por la bebida, alcoholismo, etc. Un sinfín de "plagas". Jesús sigue siendo el "Salvador del mundo" (Juan 4:42), pero nada puede hacer a favor de quienes resisten y rechazan la salvación que él les da. Sería cansino e innecesario aportar datos estadísticos relativos al sufrimiento y muerte prematura. Jesucristo tiene que contemplar todo eso, ha de presenciar las lágrimas innecesarias, simpatizar con el dolor que se podría haber evitado y participar de la pena del funeral que no debió ser. "En toda angustia de ellos él fue angustiado ... en su amor y en su clemencia los redimió" (Isaías 63:9). Como miembro de la humanidad, Cristo tomó sobre sí nuestra naturaleza caída, pecaminosa. Es tiempo de que aprendamos a simpatizar con él en los sufrimientos que le causa el curso que sigue la humanidad.

Hay un pasaje que se refiere a todo el pecado innecesario que hay en el mundo, pero que puede igualmente aplicarse a la enfermedad y el sufrimiento innecesarios: "¿Acaso quiero yo la muerte del impío? dice Jehová, el Señor. ¿No vivirá, si se aparta de sus malos caminos?" (Ezequiel 18:23). Puedes intuir los lamentos de Dios. ¡Él ama a quienes se están destruyendo a sí mismos! "¿Por qué habéis de morir, casa de Israel?" (Ezequiel 33:11).

Observa la recompensa de una vida temperante y de autocontrol que vemos en el libro de Daniel. Él y sus tres compañeros sobrepasaban en mucho al resto de estudiantes al término de los tres años de educación universitaria. ¿Estás interesado en la educación? Aquí tienes un ejemplo digno de consideración.

Dios estaba preparando a esos jóvenes para que fueran sus testigos, ya que por medio de ellos daría el conocimiento del evangelio a todo el mundo de aquellos días. Iba a ser fascinante. Sigue leyendo: más adelante en nuestro libro viene el relato.

¿Dónde están hoy los jóvenes que seguirán el ejemplo de Daniel y sus tres compañeros a fin de que Dios pueda prepararlos para ser una bendición en el mundo?

¿Es posible encontrar el evangelio en el libro de Daniel? ¿O bien tiene que ver sólo con "bestias" e imperios mundiales?

Este primer capítulo presenta el poderoso impacto del evangelio. Encontramos a cuatro jóvenes en período de formación universitaria, que les da libre acceso a los comedores y cafeterías más elitistas de la capital del imperio. Se les ofrecerá el mismo menú gourmet preparado en las cocinas de la corte real.

Las delicias culinarias de su mesa son la envidia de los ricos de Babilonia. Las carnes proceden de los recursos legendarios del imperio. Los postres son deliciosos. Pero buenas nuevas los salvaron de un desastre en su salud física, y de mentes confusas en tiempo de crisis.

Los cuatro solicitaron a las autoridades una dieta vegetariana sencilla, baja en grasas y en azúcar. Sin importar el buen apetito que los jóvenes suelen tener, propusieron en sus corazones no ceder a los impulsos naturales por comida sofisticada, eligiendo en su lugar una dieta frugal. No habrían podido publicitar los McDonalds, Burger Kings, bares de crepés ni parrillas y asadores de sus días. Su motivación no consistía simplemente en vivir siete años más y poder seguir visitando Disney World. Procuraban tener mentes claras a fin de comprender las enseñanzas del Espíritu Santo en una era cargada de solemne trascendencia.

Hoy vivimos en un tipo de era como la descrita, y a escala mundial. Constituyen muy buenas nuevas el hecho de que el mismo Salvador del mundo que bendijo a Daniel, Sadrac, Mesac y Abed-nego nos da —no simplemente nos ofrece— a ti y a mí la victoria sobre el apetito desmedido. El Espíritu Santo va a ser tu instructor cotidiano; no vas a poder transgredir sin que antes él te haya traído convicción y te haya recordado la verdad. No silencies su voz, no niegues sus amantes recordatorios relativos al deber sagrado. Propón en tu corazón seguir al Salvador en su gran Día de la expiación.

Capítulo 2—Qué nos Dice Hoy ese Sueño

Daniel 2:1*: En el segundo año del reinado de Nabucodonosor tuvo Nabucodonosor sueños, se turbó su espíritu y se le fue el sueño.*

Daniel había completado sus tres años de educación universitaria. Ahora el Señor le abrió el camino para que pudiera ayudar a los habitantes de Babilonia, quienes no conocían o comprendían la verdad de su carácter de amor. Había escogido a su pueblo Israel para que fueran misioneros y proclamaran el evangelio a aquel oscuro mundo, pero su pueblo había fracasado. Ahora se disponía a dar un rodeo a su incredulidad de una forma inesperada.

Daniel 2:2-4*: Hizo llamar el rey a magos, astrólogos, encantadores y caldeos, para que le explicaran sus sueños. Vinieron, pues, y se presentaron delante del rey. El rey les dijo: —He tenido un sueño, y mi espíritu se ha turbado por saber el sueño. Entonces hablaron los caldeos al rey en lengua aramea: —¡Rey, para siempre vive! Cuenta el sueño a tus siervos, y te daremos la interpretación.*

El rey se sentía orgulloso de su imperio y de la bella ciudad que era la capital: Babilonia. Esperaba que perdurara por siempre. No obstante sabía, como saben todos los hombres, que él tendría que morir algún día. ¿Qué sucedería entonces a su reino?

Él era un rey pagano, y no conocía al verdadero Dios del cielo. Su único contacto había sido mediante el infiel pueblo de Dios: los judíos, a quienes Nabucodonosor había sido capaz de conquistar y tomar cautivos. Puesto que había vencido a los judíos, ¿quién podía culpabilizarlo por creer que él era más grande que el Dios de ellos?

El pueblo de Israel se había amado a sí mismo más que a los demás, albergando la idea de que sólo ellos podían ser salvos. ¡Pobre Nabucodonosor! En su paganismo sólo sabía hacer cosas equivocadas. Pero Dios podía ver la sinceridad de su corazón.

Aunque el rey estaba bien instruido en la sabiduría del mundo, desconocía la sabiduría del cielo. Aquel extraño sueño tuvo un gran impacto en su corazón. Ni siquiera podía recordar la escena que vio, pero Dios estaba obrando a fin de humillar a los filósofos de Babilonia que pretendían conocer la verdadera ciencia. Dio a Daniel una oportunidad que sus mentes se abrieran a la realidad. Observa el método empleado por Dios.

Lo que los babilonios tenían por "educación superior" era en realidad necedad. Algunos de los "sabios" profesaban comunicarse con humanos fallecidos. Algunos eran "astrólogos" y pretendían poder predecir el futuro a través de los movimientos de los cuerpos celestes. Era su costumbre, cuando el rey recurría a su sabiduría, hacerle diversas preguntas hábilmente planteadas con el fin de averiguar cuáles eran sus pensamientos. Eso les permitía inventar alguna respuesta que le complaciera. Es lo que intentaban hacer también en esta ocasión.

Daniel 2:5-13*: Respondió el rey y dijo a los caldeos: El asunto lo olvidé; si no me mostráis el sueño y su interpretación, seréis hechos pedazos y vuestras casas serán convertidas en muladares. Y si me mostrareis el sueño y su interpretación recibiréis de mí dones y favores y gran honra. Decidme, pues, el* *sueño y su interpretación. Respondieron por segunda vez y dijeron: Diga el rey el sueño a sus siervos, y le mostraremos la interpretación. El rey respondió y dijo: Yo conozco ciertamente que vosotros ponéis dilaciones, porque veis que el asunto se me ha ido. Si no me mostráis el sueño, una sola sentencia hay para vosotros. Ciertamente preparáis respuesta mentirosa y perversa que decir delante de mí entre tanto que pasa el tiempo. Decidme, pues, el sueño para que yo sepa que me podéis dar su interpretación. Los caldeos respondieron delante del rey, y dijeron: No hay hombre sobre la tierra que pueda declarar el asunto del rey; además de esto, ningún rey, príncipe ni señor preguntó cosa semejante a ningún mago ni astrólogo ni caldeo. Porque el asunto que el rey demanda es difícil, y no hay quien lo pueda declarar al rey, salvo los dioses cuya morada no es con la carne. Por esto el rey con ira y con gran enojo mandó que matasen a todos los sabios de Babilonia. Y se publicó el edicto de que los sabios fueran llevados a la muerte; y buscaron a Daniel y a sus compañeros para matarlos.*

Nabucodonosor descubre por fin el engaño. Percibe que algún Ser sobrenatural está intentando decirle algo significativo, y tras varios días y noches sin dormir se encuentra cansado. El sueño le inquieta. Es incapaz de controlar su temperamento respecto a sus sabios. ¿Acaso no pretendían comunicarse con los "dioses cuya morada no es con la carne"? ¡Ahora estaban confesando ante el rey que lo único que poseían era la ignorancia común de todo ser humano!

Asistimos en este punto a una batalla entre la educación según el mundo, y la que procede solamente de Dios. Aquí están los hombres más sabios del mundo del reino de Babilonia, educados en toda posible rama del saber de su tiempo. De otra parte está Daniel, un joven despreciado procedente de un pueblo de esclavos conquistados. Pero Daniel había recibido la educación y el conocimiento de Dios.

No podemos aprobar la ira y crueldad que Nabucodonosor desplegó hacia sus profesos "sabios". Pero debemos recordar que esa es la ira de un autócrata que se siente engañado por aquellos en quienes había confiado. A pesar de todo es un hombre sincero.

Pero esa terrible crueldad es una evidencia de la veracidad del libro de Daniel. Antiguos historiadores, como Heródoto, presentan a los soberanos de Oriente como siendo notorios por la barbarie de los castigos que imponían, lo que es especialmente cierto de los asirios y los persas. Hay bajorrelieves en piedra que muestran escenas de desmembramiento y de despedazamiento por parte de los asirios. Y figura también escrito en los códigos legislativos de Babilonia y Asiria. La historia respalda el relato de Daniel.

Observa que se trataba de "sabios" paganos cuya creencia consistía en que los dioses "no moran con la carne". Al final del tiempo sólo habrá dos religiones básicas en la tierra:

(1) La "fe de Jesús" que confiesa —tal como dice la Escritura— que en su encarnación, el Hijo de Dios fue "hecho semejante a los hombres", que confiesa que Dios envió "a su Hijo en semejanza de carne de pecado y a causa del pecado, condenó al pecado en la carne", que "fue tentado en todo según nuestra semejanza, pero sin pecado", que condenó al pecado en la carne negando su yo toda la vida hasta el Getsemaní e incluso hasta la cruz (Filipenses 2:5-8; Romanos 8:3; Hebreos 4:15; Juan 5:30 y 6:38; Mateo 26:39), y (2) La creencia de los "sabios" paganos de Babilonia en un dios "cuya morada no es con la carne": ese tipo de Hijo de Dios que no tomó sobre sí

nuestra carne caída, pecaminosa, sino que fue preservado del ADN identitario del resto de la raza humana mediante alguna versión del dogma de la inmaculada concepción, haciendo que no pudiera ser "tentado en todo según nuestra semejanza", y dejando a la humanidad desprovista de un Salvador del pecado, que quedó sustituido por un salvador en el pecado.

Daniel 2:14-18: *Entonces Daniel habló sabia y prudentemente a Arioc, capitán de la guardia del rey, que había salido para matar a los sabios de Babilonia. Habló y dijo a Arioc, capitán del rey: —¿Cuál es la causa de que este edicto se publique de parte del rey tan apresuradamente? Entonces Arioc hizo saber a Daniel lo que había; y Daniel entró y pidió al rey que le concediera tiempo, que él daría al rey la interpretación. Luego se fue Daniel a su casa e hizo saber a Ananías, Misael y Azarías, sus compañeros, lo que sucedía para que pidieran misericordias del Dios del cielo sobre este misterio, a fin de que Daniel y sus compañeros no perecieran con los otros sabios de Babilonia.*

No se debe olvidar que Daniel había recibido el suma cum laude en el examen de fin de curso de sus tres años en la universidad. Se lo había declarado de forma entusiasta como siendo diez veces más sabio que el resto. No obstante, se encomienda humildemente a Dios en procura de sabiduría, y pide a sus amigos que oren por él y con él. La verdadera educación excluye el orgullo.

Fue bueno que el rey aparentemente hubiera olvidado a Daniel cuando llamó a los sabios para averiguar en qué consistía su sueño. De haber llamado primeramente a Daniel no habrían quedado expuestas las vanas pretensiones de los "sabios". Es probable que Daniel recordara la promesa de David en el Salmo 25:12-14: "Los secretos del Señor son para los que le temen, y él les dará a conocer su pacto". Quizá recordara también la promesa de Proverbios 3:25- 26: "No tendrás temor de un pavor repentino ni de la ruina de los impíos cuando llegue, porque Jehová será tu confianza: él evitará que tu pie quede atrapado". En un tiempo de grave crisis, Daniel eligió creer las buenas nuevas contenidas en las promesas de Dios. Pertenece a la lista de héroes de la fe de Hebreos 11, ya que ejerció la fe que agrada a Dios al confiar en su Palabra (versículo 6).

***Daniel 2:19-23**: El secreto le fue revelado a Daniel en visión de noche, por lo cual bendijo Daniel al Dios del cielo. Habló Daniel y dijo: "Sea bendito el nombre de Dios de siglos en siglos, porque suyos son el poder y la sabiduría. Él muda los tiempos y las edades, quita reyes y pone reyes; da la sabiduría a los sabios y la ciencia a los entendidos. Él revela lo profundo y lo escondido, conoce lo que está en tinieblas y con él mora la luz. A ti, Dios de mis padres, te doy gracias y te alabo, porque me has dado sabiduría y fuerza, y ahora me has revelado lo que te pedimos, pues nos has dado a conocer el asunto del rey".*

Nota lo siguiente:

(1) La confianza de Daniel en que ciertamente el Señor le había revelado el sueño del rey. No se dirigiría al rey de forma dubitativa, preguntándole si fue ese su sueño o si no lo fue. No, alaba al Señor por haberle revelado el sueño y lo arriesga todo sobre esa fe.

(2) Se nos recuerda que en nuestras oraciones a Dios lo alabemos por el hecho consumado de su bondad y misericordia hacia nosotros.

(3) Daniel comprendió que esa revelación vino en respuesta a las oraciones de sus amigos tanto como a las suyas. No se

atribuyó el honor a sí mismo. El verdadero cristiano no detraerá de otros el crédito que les pertenece.

Observa también cómo Daniel confiesa que la verdadera sabiduría procede solamente del Dios del cielo. Sus fuentes no son ni la magia ni la brujería. La astrología merece ser clasificada como "la falsamente llamada ciencia" (1 Timoteo 6:20). Esas supersticiones populares de nuestros días son ejemplos modernos de la antigua ignorancia de los babilónicos del tiempo de Daniel. ¡El libro de Daniel es de rabiosa actualidad!

Daniel 2:24-25: Después de esto fue Daniel a Arioc, al cual el rey había puesto para matar a los sabios de Babilonia, y le dijo: —No mates a los sabios de Babilonia; llévame a la presencia del rey, y yo le daré la interpretación. Entonces Arioc llevó prontamente a Daniel ante el rey, y le dijo así: —He hallado un hombre de los deportados de Judá, el cual dará al rey la interpretación.

Gracias a Dios, Daniel fue magnánimo hasta el punto de pedir que se salvaran las vidas de aquellos "sabios" necios, incluso sin ser merecedores de tal misericordia. Daniel abrigó la esperanza de que entre ellos hubiera alguno dispuesto a oír la verdad y descubrir la salvación mediante el evento del sueño del rey. La mediación de Daniel, el siervo de Dios, les preservó la vida. De forma parecida, Dios preserva hoy la vida de muchos malvados debido a los pocos justos que hay entre ellos (ver Génesis 18:26-32 a modo de ejemplo de cómo actúa Dios todavía hoy).

Daniel 2:26-30: Respondió el rey y dijo a Daniel, al cual llamaban Beltsasar: —¿Podrás tú hacerme conocer el sueño que vi, y su interpretación? Daniel respondió al rey diciendo: —El misterio que el rey demanda, ni sabios ni astrólogos, ni magos ni adivinos lo pueden revelar al rey. Pero hay un Dios en los cielos que revela los misterios, y él ha hecho saber al rey Nabucodonosor lo que ha de acontecer en los últimos días. Estos son tu sueño y las visiones que has tenido en tu cama: "Estando tú, rey, en tu cama, te vinieron pensamientos por saber lo que había de suceder en lo por venir; y el que revela los misterios te mostró lo que ha de ser. Y a mí me ha sido revelado este misterio, no porque en mí haya más sabiduría que en los demás vivientes, sino para que se dé a conocer al rey la interpretación y para que entiendas los pensamientos de tu corazón".

El sueño dado a Nabucodonosor revela "lo que ha de acontecer en los últimos días". Se extiende hasta nuestros días. El libro de Daniel no es historia antigua. Es más actual que la revista TIME de mañana.

Como siervo del Señor, Daniel no se atribuye crédito por comprender la visión. Todo lo atribuye a Dios, y lo hace con un motivo: que también el rey pueda aprender a creer al Dios de verdad. Desde el principio de su discurso dado ante la que con toda probabilidad fue una estancia concurrida, aclara que los pensamientos de todos sus oidores deben dirigirse, no hacia sí mismo, sino hacia el Dios del cielo. ¡Por fin Dios tiene a un joven en quien puede confiar!

Daniel procede a relatar el sueño, y a continuación da la interpretación ante un rey que escuchaba con tanta ansiedad como confianza, y evidentemente con el máximo interés.

Daniel 2:31-35: *Tú, rey, veías en tu sueño una gran imagen. Esta imagen era muy grande y su gloria muy sublime. Estaba en pie delante de ti, y su aspecto era terrible. La cabeza de esta imagen era de oro fino; su pecho y sus brazos, de plata; su vientre y sus muslos, de bronce; sus piernas, de hierro; sus pies, en parte de hierro y en parte de barro cocido. Estabas mirando, hasta que* una piedra se desprendió sin que la cortara mano alguna, e hirió a la imagen en sus pies de hierro y de barro cocido, y los desmenuzó. Entonces fueron desmenuzados también el hierro, el barro cocido, el bronce, la plata y el oro, y fueron como tamo de las eras del verano, y se los llevó el viento sin que de ellos quedara rastro alguno. Pero la piedra que hirió a la imagen se hizo un gran monte que llenó toda la tierra.

Puesto que Nabucodonosor era idólatra, debió complacerle aquella imagen al principio del relato. Pero al verla desmenuzada hasta el polvo y llevada por el viento debió sentirse contrariado. ¿Podría ser vana toda su adoración a las imágenes?

Tal como hacen ver los pies de barro, el fundamento de toda la riqueza terrenal y de la grandeza de este mundo es sólo polvo, y su destino final ser llevado por el viento.

Podemos imaginar la fascinación del rey al escuchar a aquel joven confiado explicando detenidamente el misterioso sueño que había olvidado. Se debía estar diciendo: "¡Sí! ¡Ese fue mi sueño! ¡Ahora explícame su significado!"

Daniel 2:36-38: *Este es el sueño. También la interpretación de él diremos en presencia del rey. Tú, rey, eres rey de reyes; porque el Dios del cielo te ha dado reino, poder, fuerza y majestad. Dondequiera que habitan hijos de hombres, bestias del campo y aves del cielo, él los ha entregado en tus manos, y te ha dado el dominio sobre todo. Tú eres aquella cabeza de oro.*

El rey debió sentirse patrióticamente orgulloso al ver su reino, la gloria de los reinos, representado en la cabeza de oro. Pero las palabras de Daniel le hacen apercibirse inmediatamente de algo: toda la autoridad, riqueza y honor de los que goza no son consecuencia de su valor ni destreza militar. Le han sido dados por el gran Rey, el Dios del cielo, a fin de que beneficie a la humanidad. Por primera vez en su vida el rey comienza a comprender que hay un "Salvador del mundo", un plan de salvación para el mundo; y que él ha sido llamado a servir al Salvador como su agente en beneficio del mundo. Grandes ideas comienzan a alumbrar su mente.

El Primer Gran Imperio Mundial

El fundador del reino de Babilonia fue Nimrod, quien apostató de Dios en una época muy temprana (Génesis 10:8-10). En el tiempo de Nabucodonosor Babilonia alcanzó la gloria, siendo una superpotencia en riqueza y poder. Al construir Babilonia, la capital, Nabucodonosor había edificado la mayor metrópoli que el mundo hubiera conocido hasta entonces.

Era la maravilla del mundo antiguo, mucho mayor que las ciudades ordinarias de aquel tiempo. Su circunferencia venía a ser de unos 16 kilómetros. A su través discurría el río Éufrates. La rodeaban unas murallas masivas. Inmensas puertas de bronce guardaban la entrada en la zona del río. Los esclavos mantenían en condición prístina los magníficos jardines y palacios. Se habían construido dos palacios, uno a cada lado del Éufrates, que estaban unidos entre sí por un túnel que pasaba bajo el río, permitiendo el tránsito entre ambos. Probablemente Saddam Hussein se inspiró en los logros arquitectónicos de Nabucodonosor al construir los numerosos palacios del moderno Irak. Babilonia decía: "Para siempre seré señora ... Yo soy y fuera de mí no hay otra; no quedaré viuda ni conoceré orfandad" (Isaías 47:7-8). Aquel reino de Babilonia era ciertamente la cabeza de oro, el más rico que ha conocido este mundo. No se debe subestimar la pujanza de los modernos iraquíes, quienes conservan aún memorias de su historia.

Daniel 2:39: *Después de ti se levantará otro reino inferior al tuyo; y luego un tercer reino de bronce, el cual dominará sobre toda la tierra.*

Tras haber reinado cuarenta y tres años, Nabucodonosor fue sucedido por reyes que llevaron el imperio al declive. El último de ellos fue Belsasar, quien era el corregente la noche en que los Medos y Persas sitiaron la ciudad, lograron entrar por el cauce del río y capturaron el reino. Por entonces Daniel era ya un anciano.

Isaías había profetizado claramente la caída de Babilonia unos doscientos años antes que ocurriera. Fue tan preciso en su predicción profética como para mencionar el nombre del segundo reino mundial: los Medos y Persas (Isaías 13:17-19). Más adelante en su profecía mencionó el nombre del rey: Ciro, el que humillaría a la ciudad orgullosa (Isaías 44:28 hasta 45:1-3).

Había llegado el final de Babilonia. Ciro y su ejército rodearon la muralla de la ciudad para tomarla por la fuerza. Los soldados y la población están celebrando una fiesta en el interior, algo parecido a nuestra Navidad. Están confiados en que los alimentos almacenados en la ciudad son suficientes para unos veinte años, y hay amplios campos de cultivo para seguir produciendo. No hay ejército capaz de vulnerar murallas como esa, como tampoco las puertas de bronce. Pero la profecía había dicho que Babilonia sería destruida. La palabra del Señor se cumplió fielmente de una forma en que los habitantes de la ciudad nunca pudieron imaginar. Ciro, un militar brillante y habilidoso, habiendo recibido noticia de que cierto día la ciudad se entregaba a la fiesta y la bebida, se propone vencerlos mientras están ocupados en su gran diversión.

Ciro desvía el cauce del Éufrates hacia una planicie de baja altitud, creando un lago fuera de la ciudad. Cuando las aguas del río descienden lenta y silenciosamente, él y sus soldados reptan sigilosamente bajo las puertas de bronce y entran en la ciudad a medianoche por el cauce del río. ¡Sorpresa!: custodiadas por centinelas ebrios, encuentran abiertas las puertas de enlace que llevan del río a la ciudad, tal como el Señor había predicho (Isaías 45:1-2). Blandiendo sus espadas y con griterío, los soldados se abalanzan sobre sus embriagadas víctimas babilónicas. La misma noche el rey babilónico Belsasar es degollado en su trono junto a los gobernantes de su reino. El segundo imperio, representado por la plata —el reino de los Medos y los Persas— comienza ahora a regir el mundo.

El Segundo Gran Reino Mundial

Es el pecho y brazos de plata de la estatua. Como la plata es menos valiosa que el oro, así el reino de los Medos y Persas tuvo menor riqueza que Babilonia. Pero su primer rey, Ciro, conquistó el mundo conocido desde el Mar Egeo hasta la frontera con India.

Los Medo-Persas reinaron durante unos doscientos años, comenzando el año 538 antes de Cristo. Pero las semillas de la destrucción estaban ya germinando en su reinado. Su orgullo y crueldad, así como su ebriedad, vencieron a aquel gobierno. Ester —el libro de la Biblia— detalla la laxitud moral del imperio. Ahora les tocaría a ellos ser conquistados por una nación relativamente pequeña en el oeste, una nación de gente valerosa i vigorosa regida por un rey muy joven. Si bien los Medos y Persas poseían riqueza y tenían a su disposición un tremendo poderío militar, y aunque sus soldados eran numerosísimos, acabaron dominados por aquellos griegos, menores en número, bajo el mando de Alejandro Magno. La caída tuvo lugar el año 331 antes de Cristo.

Los soldados de Alejandro estuvieron todo un mes recogiendo el botín de la batalla. Así comienza entonces a regir el Imperio de Grecia en toda la tierra. Según la imagen, la historia ha hecho la transición desde el pecho y brazos de plata al vientre y muslos de bronce. Fuera del libro de Daniel, ninguna otra literatura describe la historia del mundo de una forma tan clara y directa.

El Tercer Gran Reino Mundial

La meteórica carrera de Alejandro sólo duró unos pocos años. El que había conquistado el mundo fue incapaz de gobernarse a sí mismo. Lo mismo que es cierto de todos nosotros de no ser por el Salvador, Alejandro anduvo "siguiendo la corriente de este mundo, conforme al príncipe de la potestad del aire, el espíritu que ahora opera en los hijos de desobediencia. Entre ellos vivíamos también todos nosotros en otro tiempo, andando en los deseos de nuestra carne, haciendo la voluntad de la carne y de los pensamientos; y éramos por naturaleza hijos de ira, lo mismo que los demás" (Efesios 2:1-3). Alejandro permanece como un ejemplo notable de quien tuvo a sus pies la riqueza y los placeres del mundo, pero que escogió ser un esclavo de sus pasiones.

"Mejor es el que tarda en airarse que el fuerte, el que domina su espíritu que el conquistador de una ciudad" (Proverbios 16:32). El enemigo de Alejandro fue su propio yo; su debilidad fue su esclavitud a la pasión. Había llegado a matar a sus propios amigos en orgías alcohólicas. Cierto día desafió a veinte de sus soldados a beber hasta la muerte. La historia refiere que enfermó tras una de sus embriagueces, y murió el 13 de junio del año 323 antes de Cristo, a la edad de 32 años. Derribó lo que él mismo había edificado. Viene a continuación el mayor de todos los imperios mundiales.

Daniel 2:40: Y el cuarto reino será fuerte como el hierro; y como el hierro desmenuza y rompe todas las cosas, así él lo desmenuzará y lo quebrantará todo.

Hacia el año 168 antes de Cristo, Grecia fue conquistada por otra nación, también pequeña y valerosa, que estaba aun más al oeste.

Es el reino de los romanos. El reino pasa así del vientre y muslos de broce a las piernas de hierro: Roma.

El Cuarto Gran Reino Mundial

Cada uno de los metales de la estatua disminuye en valor respecto al precedente, pero lo supera en dureza. Satanás ha estado aprendiendo en los sucesivos reinos de la historia del mundo cómo encadenar más eficazmente a las almas humanas. Roma fue un reino más fuerte que cualquiera de los que lo precedieron. Aunque el historiador inglés Edward Gibbon no creía en la Biblia, sin proponérselo confirmó lo que Daniel afirma sobre Roma en estas palabras:

"Las armas de la república de Roma, algunas veces derrotadas en batalla, pero siempre vencedoras en la guerra, avanzaron a pasos de gigante hacia el Éufrates, el Danubio, el Rin y el océano; y las imágenes de oro, plata o bronce que pueden servir para representar a las naciones y a sus reyes fueron sucesivamente quebrantadas por la férrea monarquía de Roma".

Roma dominó sobre una extensión geográfica mayor que cualquiera de los reinos que la precedieron, llegando a conquistar partes de África, Asia, Asia Menor y Europa.

Daniel 2:41-42: Lo que viste de los pies y los dedos, en parte de barro cocido de alfarero y en parte de hierro, será un reino dividido; pero habrá en él algo de la fuerza del hierro, así como viste el hierro mezclado con barro cocido. Y por ser los dedos de los pies en parte de hierro y en parte de barro cocido, este reino será en parte fuerte y en parte frágil.

La propia Roma, aun siendo el más fuerte de todos los reinos, no duraría por siempre. Hacia el año 476 después de Cristo se fragmentó en diferentes partes representadas por los diez dedos de los pies de la estatua, compuestos por una mezcla de hierro y de barro. Algunas de esas partes perduran hasta hoy: Inglaterra, Francia, España, Portugal, Alemania, Suiza e Italia. En el capítulo séptimo ampliaremos la información.

Daniel 2:43: Así como viste el hierro mezclado con barro, así se mezclarán por medio de alianzas humanas; pero no se unirán el uno con el otro, como el hierro no se mezcla con el barro.

Roma sería el último reino en regir el mundo entero. Los hombres han intentado repetidamente unir las partes del antiguo Imperio romano. Han pensado que, si Alejandro pudo conquistar el mundo entero, también ellos podrían. Pero sus esfuerzos han sido en vano. El cumplimiento de 'no se unirán el uno con el otro" evidencia que el libro de Daniel se escribió por inspiración del Espíritu de Dios.

En Europa se ha hecho todo esfuerzo posible para quebrantar esa profecía. Ocasionalmente se han levantado reinos que retuvieron alguna de la fuerza del antiguo Imperio romano (sigue habiendo "hierro" mezclado con el "barro"), pero los fuertes nunca fueron capaces de conquistar permanentemente a los débiles.

Carlomagno intentó resucitar el Imperio de Roma, llegando a ser coronado como emperador por el papa desde Roma, en la Navidad del año 800 después de Cristo. Pero no tardó en desintegrarse. Carlos V lo intentó en los días de Lutero, fracasando también debido a que los musulmanes lo distrajeron continuamente llamando a las puertas de Viena. En los días de la prosperidad de Francia, Luis XIV procuró con arrogancia unir Europa en un imperio, fracasando igualmente. Napoleón estuvo a punto de lograrlo tras atemorizar a toda Europa e incluso a Inglaterra, pero se dice que en su lecho de muerte clamó: "Oh, Dios, has sido demasiado fuerte para mí". Esas pocas palabras de las santas Escrituras fueron incluso más poderosas que las armas de Inglaterra: "No se unirán el uno con el otro, como el hierro no se mezcla con el barro".

En nuestros días varios gobernadores han intentado la unidad de Europa bajo un solo gobierno. La reina Victoria casó a sus hijos y nietos con varias familias reales de Europa, esperando que una Europa cuyos gobernantes estuvieran emparentados entre sí, vendría a ser una feliz y gran familia que jamás pensaría en la guerra. Pero su plan desembocó en una amarga sorpresa: la primera guerra mundial (1914-1918). Tampoco lo logró el Kaiser de Alemania.

La Liga de Naciones fue concebida con el propósito de unir todas las naciones de Europa en una organización pacífica. Eso terminó en un fracaso vergonzoso: poco tiempo después estalló la segunda guerra mundial. Hitler y su ejército trajeron fuego y destrucción a toda Europa. Por un tiempo amenazó a

Inglaterra, que nunca había sido conquistada. Hasta los corazones de los más valientes se ponían a temblar. Algunos que leían la Biblia comenzaron a temer que quizá esa profecía viniera a la postre a ser un fracaso. Pero, aunque con tremendo sacrificio fueron expulsados los ejércitos de Alemania, y una vez más quedó vindicada la profecía de Daniel.

Finalmente, en nuestros días, mientras se están escribiendo estas líneas, el mundo está poniendo su mira en las Naciones Unidas como su última esperanza, o bien en el nuevo "Imperio romano": los Estados Unidos de América. Bajo las oscuras sombras del terrorismo y la guerra nuclear, varios gobiernos del mundo comprenden que en el futuro las guerras pueden barrer todo vestigio de civilización, de ahí su gran interés en unirse entre ellos.

Pero siguen estando ahí las palabras del profeta Daniel: "No se unirán el uno con el otro".

No es solamente que las naciones de Europa encuentran imposible unirse. Lo mismo es cierto de Oriente Medio, de Lejano Oriente y de África. Hasta las propias naciones musulmanas que profesan estar unidas en una hermandad religiosa divergen y luchan entre ellas. El sueño de Kwame Nkrumah de unos "Estados Unidos de África" nunca se cumplió.

Muchos creyeron que Rusia —o la Unión Soviética— triunfaría allí donde Alemania fracasó, y lograría unir al mundo bajo el comunismo. El papa y el presidente Reagan pusieron fin a esa ensoñación. La palabra de Dios no puede ser quebrantada. Como peña que emerge sobre las olas tormentosas del océano, esa palabra ha resistido los ataques de hombres y ejércitos por más de dos mil años. Aunque todos los reinos y todos los ejércitos del mundo se propusieran demostrar que la palabra de Dios es falsa, no harían más que fracasar: "No se unirán el uno con el otro".

El Espíritu Santo inspiró esa simple figura del "hierro y barro". No es solamente cierto que haya un proceso constante de intentos de unión en un sentido militar o político; es también cierto de los intentos por unir la religión con el estado. En la Edad Media los papas intentaban unir los reinos de Europa con su iglesia. El oscurantismo fue su resultado, junto a la persecución más atroz.

Dios es el Autor de la libertad. No añade sus bendiciones a los intentos de unir la religión con el estado, sea que lo intente la cristiandad apóstata, o que lo haga el islam. A medida que nos acercamos al final Dios quiere que cada persona sea libre de decidir según su propio corazón si va a unirse a conciencia con el Señor, y si va a servirlo en su reino.

El Siguiente Será El Reino De Dios

Toda nación del mundo ha de llegar a un final "sin que la cortara mano alguna". La segunda venida del Gobernante legítimo desembocará en el reino de Dios "que permanecerá para siempre". El legítimo Gobernante es "Aquel a quien corresponde el derecho" (Ezequiel 21:27).

Ningún otro puede sentarse en el trono del imperio mundial definitivo. Dios dio ese sueño al rey Nabucodonosor con un propósito: desviar nuestra atención de las vanas esperanzas y concilios de los hombres, y que nuestra fe se establezca sobre la esperanza firme y segura de la Palabra de Dios.

Está por venir un gobierno de paz, felicidad y justicia para todo aquel que quiera someterse a él (Isaías 9:6-7).

Daniel 2:44-45: En los días de estos reyes, el Dios del cielo levantará un reino que no será jamás destruido, ni será el reino dejado a otro pueblo; desmenuzará y consumirá a todos estos reinos, pero él permanecerá para siempre, de la manera que viste que del monte se desprendió una piedra sin que la cortara mano alguna, la cual desmenuzó el hierro, el bronce, el barro, la plata y el oro. El gran Dios ha mostrado al rey lo que ha de acontecer en lo por venir; y el sueño es verdadero, y fiel su interpretación.

El establecimiento de ese reino eterno traerá el final del pecado. La señal que indica su establecimiento es el logro de Cristo en tener un pueblo al que pueda proclamar "vencedor ... así como yo he vencido" (Apocalipsis 3:21).

Toda la historia pasada, en todas las edades, ha ido avanzando hacia ese día. Todos los que habitan la tierra van a presenciar el establecimiento de ese reino. No sólo los restos del Imperio romano van a ser desmenuzados por esa "piedra" no cortada por "mano alguna"; estarán incluidas todas las naciones que pueblan la tierra. Al final no va a quedar nada, excepto esa gran piedra que ninguna mano ha cortado, y que será el eterno reino de Dios.

¿Cuándo y cómo va a establecerse ese reino? Ese reino de gloria no fue establecido cuando Cristo estuvo en esta tierra, pues él mismo lo anunció para un tiempo posterior (Mateo 26:29; Hechos 1:6-7). La carne y la sangre no pueden heredar ese reino (1 Corintios 15:50). Se establecerá en el tiempo en que Jesús juzgue a los vivos y a los muertos "en su manifestación y en su reino" en relación con su segunda venida (2 Timoteo 4:1). Entonces regresará en su gloria junto a todos sus ángeles (Mateo 25:31-34).

Así, vemos claramente que esa piedra no cortada por manos humanas que golpea la estatua en los pies, representa la segunda venida de Cristo en poder y gloria. "Luego el fin, cuando entregará el reino a Dios y al Padre, cuando habrá quitado todo imperio, y toda potencia y potestad. Porque es menester que él reine hasta poner a todos sus enemigos debajo de sus pies" (1 Corintios 15:24- 25).

Cuando Jesús colgaba de la cruz, uno de los dos ladrones crucificados con él le rogó: "Acuérdate de mí cuando vengas en tu reino". ¿Te unirás con él en esa misma petición?

Es ahora cuando Dios está preparando a los súbditos de su reino venidero. Es ahora cuando envía el Espíritu Santo a los hombres en todo lugar, llamándoles a que lo consagren todo a él a fin de que él pueda reinar ya en sus vidas como Rey de amor. Jesús es el único rey en la historia mundial que ha conquistado, no por la fuerza de las armas, sino por el poder del amor. Millones estarían dispuestos hoy a dar su vida por él.

Daniel 2:46-49: *Entonces el rey Nabucodonosor se postró sobre su rostro, se humilló ante Daniel y mandó que le ofrecieran presentes e incienso. El rey habló a Daniel y dijo: —Ciertamente el Dios vuestro es Dios de dioses, Señor de los reyes y el que revela los misterios, pues pudiste revelar este misterio. Entonces el rey engrandeció a Daniel, le dio muchos honores y grandes dones, y lo hizo gobernador de toda la provincia de Babilonia y jefe supremo de todos los sabios de Babilonia. Daniel solicitó y obtuvo del rey que pusiera sobre los negocios de la provincia de Babilonia a Sadrac, Mesac y Abed-nego; y Daniel estaba en la corte del rey.*

Nos alegra saber que Daniel no cedió al orgullo tras recibir ese honor. Su formación temprana en la infancia hogareña incluyó el dominio propio y la humildad, junto a la educación en el conocimiento del Dios del cielo. Todo ello le preservó de caer en la vanidad cuando fue elevado a una posición de honor y responsabilidad tan exaltada. Qué magníficas buenas nuevas para hoy, saber que el Espíritu Santo opera en todo el mundo educando a jóvenes que, como Daniel, alcanzarán puestos de honor sin abandonar la humildad.

¡El libro de Daniel vive hoy! Y continúa dando una rica cosecha en corazones y vidas cambiados por la sobreabundante gracia de Cristo.

Capítulo 3—Fidelidad a Prueba de Fuego

Daniel 3:1*: El rey Nabucodonosor hizo una estatua de oro cuya altura era de sesenta codos y la anchura de seis codos; la levantó en el campo de Dura, en la provincia de Babilonia.*

Tan impresionado quedó el rey cuando Daniel le explicó su primer sueño (capítulo 2), que comenzó a reverenciar a Dios. Pero desgraciadamente retrocedió. Su corazón no estaba todavía realmente convertido. El orgullo volvió a predominar, y comenzó a adorar ídolos más celosamente que antes.

El rey se determinó ahora a mejorar la imagen que Dios le había mostrado en su sueño. No le bastaba con ser "aquella cabeza de oro". No le complacía la idea de que otro imperio hubiera de sucederle. Decidió hacer una imagen completamente de oro para expresar la idea de que su Imperio de Babilonia permanecería por siempre. El orgullo llevó a Nabucodonosor a luchar contra Dios.

Los consejeros del rey lo apoyaban. ¡Gran patriotismo! Querían que se olvidara la interpretación que Daniel dio del sueño. Se debía tergiversar la lección que Dios dio, a fin de enseñar a la gente la mentira. Ese fue otro capítulo en la gran controversia entre Cristo y Satanás. Pero Daniel seguía vivo, y también sus tres compañeros. Sin duda debieron reunirse frecuentemente para orar. Debieron orar para que Dios interviniera por el bien del evangelio, y mientras ellos oraran el Señor no abandonaría el imperio.

La gente de Babilonia nunca había visto algo tan impresionante como aquella nueva imagen recubierta toda ella de oro. No hay motivo para creer que hubiera de ser de oro macizo, lo que la habría hecho extremadamente cara por más que el oro abundara en Babilonia. Pudo tratarse de una imagen cubierta de una lámina de oro. La altura de la estatua era de sesenta codos, que son unos 18 metros. Probablemente descansaba sobre un pedestal. Los arqueólogos creen haber identificado la llanura de Dura con "Tulul Dura', situada unos 10 km al sur de donde estuvo la antigua Babilonia (que corresponde al moderno Irak).

Daniel 3:2-7: *Ordenó el rey Nabucodonosor que se reunieran los sátrapas, los magistrados, capitanes, oidores, tesoreros, consejeros, jueces y todos los gobernadores de las provincias, para que vinieran a la dedicación de la estatua que el rey Nabucodonosor había levantado. Se reunieron, pues, los sátrapas, magistrados, capitanes, oidores, tesoreros, consejeros, jueces y todos los gobernadores de las provincias, para la dedicación de la estatua que el rey Nabucodonosor había levantado; y estaban en pie delante de la estatua que había levantado el rey Nabucodonosor. Y el pregonero anunciaba en alta voz: "Se os ordena a vosotros, pueblos, naciones y lenguas, que al oír el son de la bocina, la flauta, la cítara, el arpa, el salterio, la zampoña y todo instrumento de música, os postréis y adoréis la estatua de oro que el rey Nabucodonosor ha levantado; y cualquiera que no se postre y adore, inmediatamente será echado dentro de un horno de fuego ardiente". Por lo cual, al oír todos los pueblos el son de la bocina, la flauta, la cítara, el arpa, el salterio, la zampoña y todo instrumento de música, todos los pueblos, naciones y lenguas se postraron y adoraron la estatua de oro que el rey Nabucodonosor había levantado.*

Un "horno de fuego ardiente" como el nombrado no era un instrumento inusual de castigo para los criminales en los tiempos de Babilonia. Jeremías refiere cómo a dos falsos profetas, Acab y Sedequías, "asó al fuego el rey de Babilonia" (Jeremías 29:22). El Código de Hammurabi implementa ese castigo. Tan tarde como en 1671-1677, el viajero francés Jean Chardin vio dos hornos de fuego en Persia, que se mantenían ardiendo para castigar a comerciantes que habían cobrado de más por los alimentos que vendieron.

Podemos tener la seguridad de que los ángeles del cielo estaban atentos al desafío. Satanás estaba procurando anular la verdad mediante Nabucodonosor. Esa misma batalla se está luchando hoy en el mundo. En las Santas Escrituras Babilonia es un símbolo de la confusión en el mundo religioso de estos últimos días, organizado con el fin de oponerse a la verdad al forzar las conciencias de las personas. Eventos como el descrito van a repetirse de diversas maneras en el futuro, antes que Dios establezca su reino eterno. Todos vamos a tener una parte en ese gran conflicto.

Observa cómo Nabucodonosor trató de imponer su adoración de los ídolos mediante la legislación. Eso era "hierro" mezclado con "barro": la unión de la religión y el estado. Pero ninguna verdadera adoración a Dios puede ser impuesta por una ley terrenal. Toda persona debe ser libre para adorar a Dios rectamente según le dicta su propia conciencia.

Además, nadie que adore sinceramente a Dios puede presionar a su prójimo. Cualquier tipo de adoración que sea impuesta mediante legislación viene a ser inevitablemente perversa, ya que Dios no puede aceptar una tal adoración obligada. Las autoridades castigan siempre a quienes rehúsan obedecer. Por lo tanto, el libre albedrío queda inmediatamente anulado. Dios sólo aceptará la adoración libre y voluntaria de sus criaturas. Por consiguiente, toda adoración impuesta mediante la coerción resulta ser idolatría.

Entre aquella gran multitud, sólo los tres jóvenes hebreos parecían haber comprendido claramente ese principio (Daniel estaba ausente por algún motivo, quizá por algún asunto de gobierno). Se requirió a los tres que acudieran por convocatoria del rey. Obedecieron hasta donde les fue posible, pero sabían que inclinarse y adorar la imagen sería una negación de su lealtad a Cristo. No podían hacer tal cosa, y no la iban a hacer. ¿Cómo podemos saber que obedecer al rey en ese asunto implicaba deslealtad hacia Cristo? ¿Acaso estaba Cristo por allí cerca? Ten paciencia, enseguida vas a encontrarlo en el relato.

Tan pronto como la orquesta filarmónica de Babilonia comenzó a hacer sonar los primeros compases del himno nacional, todos debían inclinarse ante la imagen de oro. El plan del rey debía desarrollarse sin contratiempo. Pero los tres jóvenes habían preparado con antelación su respuesta. Mediante una concepción madura de los principios de la justicia por la fe, sabían que aquella confrontación iba a poner a prueba los principios del gobierno de Dios. Por sorprendente que pueda parecer, aquellos jóvenes tenían una comprensión del evangelio más madura que la de muchos hoy: su motivación no estaba centrada en su propia seguridad o preservación. Se habían graduado lejos del tipo de "experiencia cristiana" egocéntrica en la que nuestras oraciones tienen por objeto nuestra propia salvación. No. ¡Les preocupaba el honor e integridad de Cristo! Les habría resultado imposible un cumplimiento fingido con tal que su corazón no estuviera en eso, a fin de apaciguar una tibia y enferma conciencia laodicense (Apocalipsis 3:14-21). De ninguna forma se inclinarían para atarse los cordones de los zapatos justo en aquel momento, por ejemplo.

Sus corazones estaban reconciliados con Dios por la sangre de Cristo. La suya era una experiencia de fe, motivo por el que pertenecen al ilustre listado de Hebreos 11.

Daniel 3:8-12*: Por esto, en aquel tiempo algunos hombres caldeos vinieron y acusaron maliciosamente a los judíos. Hablaron y dijeron al rey Nabucodonosor: —¡Rey, para siempre vive! Tú, rey, has dado una ley que todo hombre, al oír el son de la bocina, la flauta, la cítara, el arpa, el salterio, la zampoña y todo instrumento de música, se postre y adore la estatua de oro; y el que no se postre y adore, sea echado dentro de un horno de fuego ardiente. Hay unos hombres judíos, a los cuales pusiste sobre los negocios de la provincia de Babilonia: Sadrac, Mesac y Abed-nego; estos hombres, oh rey, no te han respetado; no adoran a tus dioses ni adoran la estatua de oro que has levantado.*

Debido a que aquellos maestros caldeos se habían sentido humillados por la verdad de Dios cuando Daniel le reveló al rey su sueño, ahora estaban celosos de los hebreos. Eran conscientes de que no había forma de refutar la verdad de la fe de los hebreos en el verdadero Dios. Procediendo con cobardía y falsedad los caldeos animaron al rey a que promulgara una ley coercitiva. De esa forma podrían librar el Imperio babilónico de quienes diferían de ellos en su fe.

Toda religión que pretenda apoyarse en leyes terrenales para apuntalarse demuestra ser débil y falsa. Los gobernadores terrenales deben asegurar a sus súbditos la libertad en asuntos religiosos.

Daniel 3:13-18: *Entonces Nabucodonosor dijo con ira y con enojo que trajeran a Sadrac, Mesac y Abed-nego. Al instante fueron traídos delante del rey. Habló Nabucodonosor y les dijo: —¿Es verdad, Sadrac, Mesac y Abed-nego, que vosotros no honráis a mi dios ni adoráis la estatua de oro que he levantado? Ahora, pues, ¿estáis dispuestos para que al oír el son de la bocina, la flauta, la cítara, el arpa, el salterio, la zampoña y todo instrumento de música os postréis y adoréis la estatua que he hecho? Porque si no la adoráis, en la misma hora seréis echados en medio de un horno de fuego ardiente, ¿y qué dios será el que os libre de mis manos? Sadrac, Mesac y Abed-nego respondieron al rey Nabucodonosor, diciendo: —No es necesario que te respondamos sobre este asunto. Nuestro Dios, a quien servimos, puede librarnos del horno de fuego ardiente; y de tus manos, rey, nos librará. Y si no, has de saber, oh rey, que no serviremos a tus dioses ni tampoco adoraremos la estatua que has levantado.*

¡Sin duda requiere un gran valor permanecer incólume en la soledad ante una multitud como aquella! Los tres jóvenes se ven ahora enfrentados cara a cara con la muerte. ¿Comprometerán su fe? ¿Se acobardarán ante el horno de fuego? ¿Temblarán ante la ira del rey? Aunque en sus corazones no se inclinen ante la imagen, ¿no podrían aparentar hacerlo de cara a los demás?

No. Los tres jóvenes no son cobardes. Saben qué es lo correcto, y no temen morir por ello. Ya han considerado previamente qué deben hacer, y han orado al respecto. Saben Dios merece ser adorado con todo el corazón (Mateo 6:24). Recuerdan la promesa que Dios hizo al profeta Isaías muchos años antes: "Cuando pases por el fuego no te quemarás ni la llama arderá en ti" [Isaías 43:2]. No tiemblan. Aunque con respeto y cortesía, responden al rey con firmeza: no pueden adorar la imagen, y no lo van a hacer.

Es digno de atención el buen ejemplo de los tres jóvenes al mostrar respeto y honor a las "autoridades superiores". La Palabra de Dios nos dice que debemos someternos a dichas autoridades "porque no hay autoridad que no provenga de Dios, y las que hay, por Dios han sido establecidas" (Romanos 13:1). Leemos en Tito 3:1: "Recuérdales que se sujeten a los gobernantes y autoridades, que obedezcan, que estén dispuestos a toda buena obra".

Pero cuando las leyes de los hombres entran en conflicto con la ley de Dios, nuestro deber es obedecer a Dios. Cuando el concilio judío ordenó a Pedro que no predicara en nombre de Jesús, respondió: "Juzgad si es justo delante de Dios obedecer a vosotros antes que a Dios" (Hechos 4:19). "Es necesario obedecer a Dios antes que a los hombres" (Hechos 5:29). Esa fue la postura que adoptaron los tres jóvenes hebreos en la llanura de Dura. Sadrac, Mesac y Abed-nego acudieron al evento porque se los había llamado. Muestran su voluntad de obedecer al rey hasta donde resulta posible. Pero inclinarse y adorar su imagen, negar aquello que saben que es la verdad, contaminar su conciencia ante Dios, transgredir el claro mandamiento de Dios a fin de salvar sus puestos, su salud, su honor mundanal y sus vidas, unirse a Judas Iscariote en traicionar al Hijo de Dios, eso no lo van a hacer.

Dicen al rey con calma y respeto: 'No hay necesidad de darnos una segunda oportunidad. ¡Sabemos qué es lo correcto!'

Daniel 3:19-23: *Entonces Nabucodonosor se llenó de ira, cambió el aspecto de su rostro contra Sadrac, Mesac y Abed-nego y ordenó que el horno se calentara siete veces más de lo* *acostumbrado. Y ordenó a hombres muy vigorosos que tenía en su ejército, que ataran a Sadrac, Mesac y Abed-nego para echarlos en el horno de fuego ardiente. Así pues, estos hombres fueron atados con sus mantos, sus calzados, sus turbantes y sus vestidos, y fueron echados dentro del horno de fuego ardiente. Y como la orden del rey era apremiante y habían calentado mucho el horno, la llama del fuego mató a aquellos que habían alzado a Sadrac, Mesac y Abed-nego. Estos tres hombres, Sadrac, Mesac y Abed-nego, cayeron atados dentro del horno de fuego ardiente.*

Al moderno lector pudiera sorprenderle que el gobernante de un imperio pudiera perder los estribos de esa forma pueril. Pero recuerda: es la edad de la tiranía pagana. El propio hecho de que Nabucodonosor se encolerizara de ese modo es una evidencia de que estaba haciendo lo incorrecto. Aunque había sometido con su espada al mundo entero, era incapaz de dominar su propio espíritu. Hasta su propio rostro cambió, tomando una apariencia demoníaca. Era insensato ordenar que el horno se alimentara más intensamente de lo habitual, ya que eso no haría más que resaltar el gran poder del Señor para librar a sus tres siervos. Una vez más el amado Señor intervino. ¡Él siempre observa lo que sucede en la tierra!

Daniel 3:24-25: *Entonces el rey Nabucodonosor se espantó, se levantó apresuradamente y dijo a los de su consejo: ¿No echaron a tres varones atados dentro del fuego? Ellos respondieron al rey: Es verdad, oh rey. Y él dijo: He aquí yo veo cuatro varones sueltos, que se pasean en medio del fuego sin sufrir ningún daño; y el aspecto del cuarto es semejante al Hijo de Dios (NKJV).*

¡Hasta la ira del hombre acaba siendo para alabanza del Señor! (Salmo 76:10). Alguien más poderoso que el rey se había hecho cargo de la situación. Las promesas que Dios hace a sus siervos se cumplen fielmente.

¿Cómo pudo el rey pagano saber qué apariencia tenía el Hijo de Dios? El pueblo de Dios del Antiguo Testamento miraba al futuro para la esperada primera venida de Cristo, mientras que nosotros la miramos en al pasado. Tanto ellos como nosotros vemos a Cristo por la fe. Nadie fue salvo jamás excepto por el poder de Cristo. En Babilonia, los hebreos habían predicado a Cristo, el Redentor que estaba por venir. El rey debió recordar esa enseñanza, y a partir de ella reconoció al Hijo de Dios al verlo.

Por cierto, el relato no da la impresión de que tuvieran prisa alguna por salir del fuego. En el momento y lugar donde es necesario, Dios provee aire acondicionado. Los tres jóvenes se sentirían más que felices de estar allí, con tal de poder seguir caminando y conversando con Cristo. ¡Estar con él es recompensa más que suficiente ante todas las pruebas en esta tierra! Cuando hoy sufrimos por él, también nosotros podemos disfrutar de su presencia en la misma forma (Juan 15:18; Isaías 63:9; Santiago 1:2). Puede parecer difícil de creer, pero lo sabrás la próxima vez que seas arrojado al "horno de fuego ardiente" por tu fe en Cristo. Él se hará preciosamente cercano a ti, de una forma en que nunca lo conociste en tiempo de paz.

Daniel 3:26-30*: Entonces Nabucodonosor se acercó a la puerta del horno de fuego ardiente, y dijo: —Sadrac, Mesac y Abed-nego, siervos del Dios Altísimo, salid y venid. Sadrac, Mesac y Abed-nego salieron de en medio del fuego. Y se juntaron los sátrapas, los gobernadores, los capitanes y los consejeros del rey para mirar a estos hombres, cómo el fuego no había tenido poder alguno sobre sus cuerpos y ni aun el cabello de sus cabezas se había quemado; sus ropas, intactas, ni siquiera olor de fuego* tenían. Y Nabucodonosor dijo: *"Bendito sea el Dios de Sadrac, Mesac y Abed- nego, que envió su ángel y libró a sus siervos que confiaron en él, los cuales no cumplieron el edicto del rey y entregaron sus cuerpos antes que servir y adorar a otro dios que su Dios. Por lo tanto, decreto que todo pueblo, nación o lengua que diga blasfemia contra el Dios de Sadrac, Mesac y Abed-nego, sea descuartizado, y su casa convertida en estercolero; por cuanto no hay dios que pueda librar como este". Entonces el rey engrandeció a Sadrac, Mesac y Abed-nego en la provincia de Babilonia.*

Acabó sucediendo precisamente aquello que Nabucodonosor procuraba evitar: toda nación, tribu, lengua y pueblo se entera rápidamente del acontecimiento que manifiesta el poder de Dios. Lo que los maestros caldeos tramaron a fin de que no se conociera la verdad, resulta en la mayor publicidad imaginable a favor de ella. Aquel día muchos tomaron su decisión de servir al Dios del cielo.

Pero Nabucodonosor todavía no comprende cabalmente. Es un párvulo en el jardín de infancia celestial. Aunque fue correcta su confesión pública de exaltar a Dios por encima de cualquier dios pagano, no tenía derecho alguno a imponer por la fuerza la adoración al Dios del cielo.

¿No es animador contemplar la fe y el valor de aquellos tres jóvenes hebreos? El secreto es este: cuando fueron llevados a Babilonia al principio, rehusaron comprometer su fe hasta en el menor particular (capítulo 1). Sabían que un compromiso con el mal lleva a otro paso descendente. Debido a su fidelidad al resistir la prueba menor, resultaron preparados para resistir la mayor. ¡Dios nos ayude a no dar jamás el primer paso hacia el pecado y el mal!

El libro de Apocalipsis despliega ante nosotros el relato de una prueba similar por la que algunos van a pasar. Va a establecerse una "imagen de la bestia" cuando se ordene a todos los habitantes de la tierra, de forma voluntaria o involuntaria, rendirle adoración mediante la obediencia a leyes religiosas de manufactura humana. Como en los días de Sadrac, Mesac y Abed-nego, se decretará la muerte de todo quien rehúse obedecer esa falsa religión. Tal como sucedió en la llanura de Dura, la inmensa mayoría se inclinará ante los decretos de Satanás. Esa prueba nos ha de llegar a ti y a mí, y a todo habitante del mundo.

¿Quién va a preferir "ser maltratado con el pueblo de Dios, antes que gozar de los deleites temporales del pecado"? (Hebreos 11:25). ¿Dónde están los Sadrac, Mesac y Abed-nego de nuestro día, que obedecerán la verdad de todo corazón en la gran prueba? ¿Dónde están quienes obedecen diariamente a Dios en las pequeñas pruebas cotidianas de nuestra vida en el hogar, la escuela o el trabajo? ¿Quién podrá resistir en ese día decisivo que nos espera?

Para aquellos que han doblado realmente sus rodillas ante el gran Dios del cielo, no será difícil tomar la decisión correcta. No pueden estar atemorizados por ninguna amenaza humana, y no lo van a estar. La comunión con Cristo en sus sufrimientos les es más preciosa que la mejor recompensa que este mundo pueda ofrecer. El mensaje preciosísimo de la justicia de Cristo está ya ahora preparando a multitudes para mantenerse firmemente de parte del Salvador.

El mismo Dios que libró a Sadrac, Mesac y Abed-nego obrará poderosamente a favor de su pueblo que se mantiene por lo recto. Aquel que caminó con los tres jóvenes hebreos en el horno de fuego ardiente estará contigo allá donde te encuentres sirviéndole. Su presencia te animará y sostendrá. Ni Satanás con un millón de sus ángeles malos puede dañar al más débil de los santos de Dios.

Capítulo 4—Mayor que el Más grande en la Tierra

Daniel 4:1-3*: Nabucodonosor, rey, a todos los pueblos, naciones y lenguas que moran en toda la tierra: Paz os sea multiplicada. Conviene que yo declare las señales y milagros que el Dios Altísimo ha hecho conmigo. ¡Cuán grandes son sus señales y cuán potentes sus maravillas! Su reino, reino sempiterno; su señorío, de generación en generación.*

¡Un rey pagano escribiendo parte de la Biblia! Nabucodonosor proclama al mundo entero de sus días el conocimiento de las poderosas obras del Dios del cielo.

Se trata de algo que Israel debió haber hecho mucho tiempo antes, pero que no hizo. Ese relato directo y sincero de la experiencia de Nabucodonosor debió conducir a muchos al Señor. "¡Alaben la misericordia de Jehová, y sus maravillas para con los hijos de los hombres!" (Salmo 107:8).

No puede caber duda alguna de que lo que relata este capítulo sucedió realmente. Los pueblos de la antigüedad creían que cada nación o tribu tenía su propio dios. No era un hecho excepcional que una persona se convirtiera, pasando a adorar a otro dios. Por fin Nabucodonosor se consolida en su fe. Confiesa que el Dios de los hebreos está por sobre todos los dioses. Es el Dios "Altísimo".

Daniel 4:4-7*: Yo, Nabucodonosor, estaba tranquilo en mi casa, floreciente en mi palacio. Tuve un sueño que me espantó; tendido en la cama, las imaginaciones y visiones de mi cabeza me turbaron.*

Por esto mandé que vinieran ante mí todos los sabios de Babilonia para que me dieran la interpretación del sueño. Y vinieron magos, astrólogos, caldeos y adivinos, y les conté el sueño, pero no me pudieron dar su interpretación.

En el capítulo 2, los magos y astrólogos habían alegado que en caso de que el rey les revelara su sueño, ellos aportarían la interpretación. En esta ocasión el rey da a conocer su sueño, a pesar de lo cual son incapaces de revelar los secretos del cielo.

El hecho de que se los llame antes que a Daniel indica que por entonces el rey había olvidado lo que se le había enseñado en los capítulos segundo y tercero acerca del Dios verdadero. Es cierto que estaba bajo la presión propia de quien gobernaba el mayor imperio en la tierra. Aunque de corazón sincero, la fuerte presión de las riquezas, poder y honores mundanales le habían hecho recaer en la apostasía. Dios fue misericordioso y paciente en procura constante de traer de nuevo a Nabucodonosor a la comprensión de la verdad. Es así como obra también hoy con las personas. Cuanto mejor te conozcas a ti mismo, más te sentirás como Nabucodonosor en su debilidad. No tendrás la mentalidad de "soy más santo que tú" (Isaías 65:5).

Daniel 4:8-12*: hasta que entró ante mí Daniel, cuyo nombre es Beltsasar, como el nombre de mi dios, y en quien mora el espíritu de los dioses santos. Conté delante de él el sueño, diciendo: "Beltsasar, jefe de los magos, ya que he entendido que hay en ti espíritu de los dioses santos y que ningún misterio se te esconde, decláreme las visiones de mi sueño que he visto, y su interpretación. Estas fueron las visiones de mi cabeza mientras estaba en mi cama: me parecía ver en medio de la tierra un árbol cuya altura era grande. Crecía este árbol, y se hacía fuerte, y su copa llegaba hasta el cielo, y se le alcanzaba a ver desde todos* *los confines de la tierra. Su follaje era hermoso, su fruto abundante, y había en él alimento para todos. Debajo de él, a su sombra, se ponían las bestias del campo, en sus ramas anidaban las aves del cielo, y se mantenía de él todo ser viviente.*

Nabucodonosor habría podido saber el significado de aquel sueño del árbol. De hecho, es probable que intuyera de alguna forma el significado real, tal como indica el versículo 19. La historia del árbol de la vida había llegado a la antigua Babilonia en forma de leyenda, como también la del árbol del conocimiento del bien y del mal. Ezequiel había predicho la caída del rey de Egipto, y ahora Nabucodonosor, el rey de Babilonia, sería el instrumento en manos del Señor para cortarlo, "para que no se exalten en su altura todos los árboles [incluido Nabucodonosor] que crecen junto a las aguas" (Ezequiel 31:14). Nabucodonosor debió haber aprendido de la experiencia humillante de otro "árbol" que le precedió: el faraón de Egipto. Pero lo mismo que tú y yo, el rey fue lento en aprender las lecciones del jardín de infantes en la escuela de la fe. Ahora bien, ningún maestro de tu escuela ha sido tan paciente contigo, como lo es el Señor en su escuela.

Daniel 4:13-18: *Vi en las visiones de mi cabeza, mientras estaba en mi cama, que un vigilante y santo descendía del cielo. Clamaba fuertemente y decía así: "Derribad el árbol y cortad sus ramas, quitadle el follaje y dispersad su fruto; váyanse las bestias que están debajo de él, y las aves de sus ramas. Mas la cepa de sus raíces dejaréis en la tierra, con atadura de hierro y de bronce entre la hierba del campo; que lo empape el rocío del cielo, y con las bestias sea su parte entre la hierba de la tierra. Su corazón de hombre sea cambiado y le sea dado corazón de bestia, y pasen sobre él siete tiempos. La sentencia es por decreto de los vigilantes y por dicho de los santos la resolución, para que* *conozcan los vivientes que el Altísimo gobierna el reino de los hombres, que a quien él quiere lo da y sobre él constituye al más humilde de los hombres". Yo, el rey Nabucodonosor, he visto este sueño. Tú, pues, Beltsasar, darás su interpretación, porque ninguno entre los sabios de mi reino lo ha podido interpretar; pero tú puedes, porque habita en ti el espíritu de los dioses santos.*

Nabucodonosor debió recordar que su reino no iba a perdurar por siempre. A pesar de la revelación del capítulo 2, continuó embelleciendo Babilonia, edificándose un enorme y suntuoso palacio a fin de satisfacer su orgullo vanidoso. Habían terminado sus guerras, y ahora el mundo entero estaba a sus pies. Era suyo cualquier placer que pudiera desear. Se sentía sin ninguna restricción impuesta a sus ambiciones. Pero "antes del quebranto está la soberbia, y antes de la caída, la altivez de espíritu" (Proverbios 16:18). No está a tu alcance edificar palacios como el de Nabucodonosor, pero tienes tus propias ambiciones que imaginas poder conseguir sin la ayuda de Dios.

Los vigilantes y los santos citados en el texto son ángeles, "espíritus ministradores, enviados para servicio a favor de los que serán herederos de la salvación" (¡de ti!, Hebreos 1:13-14). Tienen un gran interés en los asuntos de esta tierra. Los diarios y noticieros nada dicen sobre ellos, pero están ministrando continuamente las necesidades espirituales de quienes eligen servir a Cristo. Los ángeles habían observado con preocupación el orgullo y dureza de corazón progresivos de Nabucodonosor. A menos que se iniciara alguna acción estaría totalmente perdido. Sabían que el monarca había llegado al punto en el que solamente la aflicción y la humillación podían ayudarle a recuperar el sentido. "Bueno me es haber sido humillado, para que aprenda tus estatutos", dijo alguien muy espiritual (Salmo 119:71). Así, el Señor permitió que el rey atravesara una amarga experiencia.

Daniel 4:19-27*: Entonces Daniel, cuyo nombre era Beltsasar, quedó atónito casi una hora, y sus pensamientos lo turbaban. El rey habló y dijo: —Beltsasar, no te turben ni el sueño ni su interpretación. Beltsasar respondió y dijo: —Señor mío, el sueño sea para tus enemigos y su interpretación para los que mal te quieren. El árbol que viste, que crecía y se hacía fuerte, cuya copa llegaba hasta el cielo, que se veía desde todos los confines de la tierra, cuyo follaje era hermoso y su fruto abundante, en el que había alimento para todos, debajo del cual vivían las bestias del campo y en cuyas ramas anidaban las aves del cielo, tú mismo eres, oh rey, que creciste y te hiciste fuerte, pues creció tu grandeza y ha llegado hasta el cielo, y tu dominio hasta los confines de la tierra. En cuanto a lo que vio el rey, un vigilante y santo que descendía del cielo y decía: "Cortad el árbol y destruidlo; mas la cepa de sus raíces dejaréis en la tierra, con atadura de hierro y de bronce en la hierba del campo; que lo empape el rocío del cielo, y con las bestias del campo sea su parte hasta que pasen sobre él siete tiempos", esta es la interpretación, oh rey, y la sentencia del Altísimo, que ha venido sobre mi señor, el rey: que te echarán de entre los hombres y con las bestias del campo será tu habitación, con hierba del campo te apacentarán como a los bueyes y con el rocío del cielo serás bañado; y siete tiempos pasarán sobre ti, hasta que conozcas que el Altísimo tiene dominio en el reino de los hombres, y que lo da a quien él quiere. Y en cuanto a la orden de dejar en la tierra la cepa de las raíces del mismo árbol, significa que tu reino te quedará firme, después que reconozcas que es el cielo el que gobierna. Por tanto, oh rey, acepta mi consejo: redime tus pecados con justicia,* *y tus iniquidades haciendo misericordias con los oprimidos, pues tal vez será eso una prolongación de tu tranquilidad".*

Cuando el rey dijo su sueño, Daniel comprendió inmediatamente el significado. El profeta había estado orando durante años por el rey, al menos desde los eventos del capítulo 2. Daniel comprendía que había en el rey muy buenos rasgos de carácter, y que su corazón era sincero en su deseo de responder al amor de Dios. Es más que probable que por entonces Daniel y el rey fueran buenos amigos.

Ahora veía cómo Dios estaba respondiendo sus oraciones. Pero a Daniel le resultaba muy difícil comunicar al rey las nuevas de ese juicio terrible. El rey parecía tener el presentimiento de que había alguna mala noticia, y simpatizó con la actitud reservada de Daniel. El Espíritu Santo ya le estaba hablando, y animó a Daniel a que lo dijera todo sin ningún temor.

Así, Daniel hizo un llamamiento personal al rey. Le aseguró la voluntad de perdonar de Dios si se arrepentía de sus pecados del orgullo, y del resto de pecados típicos de un tirano de Oriente Próximo.

La advertencia impresionó por un tiempo a Nabucodonosor, pero el corazón que no ha sido transformado por la gracia de Dios olvida pronto las impresiones del Espíritu Santo. La autoindulgencia y la ambición seguían ocupando su corazón. A pesar de la instrucción llena de gracia que se le había dado, y a pesar de las advertencias de su experiencia pasada, Nabucodonosor volvió a ser dominado por los celos respecto a los reinos que habrían de seguir. Comenzó a reinar de forma coercitiva y despiadada. Habiendo endurecido su corazón, utilizó para su propia glorificación los talentos que Dios le había dado, exaltándose a sí mismo por encima de Dios, quien le había dado la vida y el poder. Es posible que alguien que lea este libro haya tenido la misma persistencia del rey en resistir la gracia del Salvador.

El juicio tardó meses en ejecutarse. El sol tenía el mismo brillo. Sus súbditos lo alagaban como de costumbre. Todo parecía ir bien. Pero en lugar de que la bondad de Dios lo llevara al arrepentimiento, el rey se volvió más orgulloso hasta perder la confianza en la interpretación del sueño y reírse de sus temores pasados.

Daniel 4:28-33: *Todo esto vino sobre el rey Nabucodonosor: Al cabo de doce meses, paseando por el palacio real de Babilonia, habló el rey y dijo: "¿No es esta la gran Babilonia que yo edifiqué para casa real con la fuerza de mi poder y para gloria de mi majestad?" Aún estaba la palabra en la boca del rey, cuando vino una voz del cielo: "A ti se te dice, rey Nabucodonosor: el reino te ha sido quitado; de entre los hombres te arrojarán, con las bestias del campo será tu habitación y como a los bueyes te apacentarán; y siete tiempos pasarán sobre ti, hasta que reconozcas que el Altísimo tiene el dominio en el reino de los hombres, y lo da a quien él quiere". En la misma hora se cumplió la palabra sobre Nabucodonosor: fue echado de entre los hombres, comía hierba como los bueyes y su cuerpo se empapaba del rocío del cielo, hasta que su pelo creció como plumas de águila y sus uñas como las de las aves.*

Los arqueólogos han recuperado en las ruinas de Babilonia un escrito con las altanerías de Nabucodonosor: "Entonces edifiqué el palacio, sede de mi realeza, el vínculo de la raza humana, la morada del gozo y la alegría" (Cilindro de Grotefend). Hasta los propios ladrillos de la antigua Babilonia, construidos a partir de arena, llevan la inscripción del nombre de Nabucodonosor.

David dijo: "Vi yo al impío sumamente enaltecido y que se extendía como laurel verde. Pero él pasó, y he aquí ya no estaba; lo busqué, y no lo hallé" (Salmo 37:35-36). Dios es misericordioso al enviarnos adversidad cuando la necesitamos, tanto como al enviarnos prosperidad. Es la adversidad la que suele apartar nuestro corazón de las vanidades terrenales que pronto dejarán de ser, para llevarlo a apreciar las realidades celestiales que son eternas.

Los "siete tiempos" se pueden identificar con siete años (compara Daniel 7:25 con Apocalipsis 12:14 y 13:5). Durante ese tiempo Nabucodonosor estuvo afectado por una extraña enfermedad que recuerda lo que la ciencia médica llama licantropía [en clínica psiquiátrica se define como licantropía un trastorno alucinatorio caracterizado por las ideas delirantes del afectado sobre su transformación en animal: Licantropía clínica - Wikipedia, la enciclopedia libre]. Uno de los primeros en observar esa enfermedad fue un médico griego del siglo IV antes de Cristo. Quien lo sufre cree que se ha transformado en animal y actúa como tal. No obstante, esa forma extrema de pérdida de la razón no interfiere con la consciencia interior humana. E.B. Pusey (Daniel the Prophet, New York, 1891) cita el caso de Pere Surin, un ejemplo moderno de esa enfermedad.

Dios es quien nos da todo poder de raciocinio, honor y fuerzas. Cuando Dios retiró esos dones, el rey fue enteramente dejado a su propia sabiduría y honor, que demostraron ser menos que nada (Gálatas 6:3). "El hombre que goza de honores y no entiende, es semejante a las bestias que perecen" (Salmo 49:20). David confesó franca y humildemente que sin la iluminación del Espíritu Santo no era más que un necio e ignorante. "Tan torpe era yo, que no entendía; ¡era como una bestia delante de ti!" (Salmo 73:22). ¡Cómo contrasta esa actitud humilde, con el orgullo y autosuficiencia de Nabucodonosor en aquel punto de su vida!

Durante esos siete años la familia del rey y sus consejeros gobernaron en lugar de Nabucodonosor. El conocimiento de la interpretación que Daniel hizo del sueño debió extenderse en el palacio, puesto que se esperó a que Nabucodonosor recuperara su razón y regresara al mando. De esa forma le fue asegurado el trono, tal como el tocón del árbol permaneció en tierra para rebrotar.

***Daniel 4:34-37**: Al fin del tiempo, yo, Nabucodonosor, alcé mis ojos al cielo y mi razón me fue devuelta; bendije al Altísimo, y alabé y glorifiqué al que vive para siempre: Su dominio es sempiterno; su reino, por todas las edades. Considerados como nada son los habitantes todos de la tierra; él hace según su voluntad en el ejército del cielo y en los habitantes de la tierra; no hay quien detenga su mano y le diga: '¿Qué haces?'. En el mismo tiempo mi razón me fue devuelta, la majestad de mi reino, mi dignidad y mi grandeza volvieron a mí, y mis gobernadores y mis consejeros me buscaron; fui restablecido en mi reino, y mayor grandeza me fue añadida. Ahora yo, Nabucodonosor, alabo, engrandezco y glorifico al Rey del cielo, porque todas sus obras son verdaderas y sus caminos justos; y él puede humillar a los que andan con soberbia.*

"Yo, Nabucodonosor, alcé mis ojos al cielo". Si el rey hubiera hecho eso antes de perder su raciocinio, no habría sido necesario aquel severo castigo. Sólo adquirió el verdadero conocimiento cuando obedeció de corazón el consejo de Pablo en Romanos 12:3: "Digo, pues, por la gracia que me es dada, a cada cual que está entre vosotros, que no tenga más alto concepto de sí que el que debe tener, sino que piense de sí con cordura, conforme a la medida de fe que Dios repartió a cada uno". Lo mismo se aplica a nosotros. Somos de la tierra, terrenales, tal como dice Pablo (1 Corintios 15:47). Nuestros ojos miran lo bajo, están absorbidos en las cosas de este mundo, en su honor, riqueza, poder y placeres. Sólo cuando dirigimos nuestros ojos espirituales a lo alto, hacia el cielo, empezamos realmente a vivir. Entonces hemos "pasado de muerte a vida" (Juan 5:24). "No mirando nosotros las cosas que se ven, sino las que no se ven, pues las cosas que se ven son temporales, pero las que no se ven son eternas" (2 Corintios 4:18).

Hoy ya no existe el gran Imperio político de Babilonia; no queda ni un solo ladrillo sobre otro de él. Sin embargo, la gran Babilonia espiritual, que ocupa un lugar tan prominente en las profecías de Apocalipsis, permanece como un brote de esa raíz que queda en el corazón. Ha dado de beber a todas las naciones de la tierra el vino de sus falsas doctrinas (Apocalipsis 14:8) hasta el punto de embriagarlas. Los misterios de la adoración pagana de la antigua Babilonia se han perpetuado en ciertas iglesias modernas de la actualidad. Miles de adoradores, en todo país, están honrando inconscientemente a los dioses de la antigua Babilonia mediante ritos y ceremonias que no están fundados sobre un "Así dice Jehová" en las santas Escrituras, la Biblia. Jesús dijo: "En vano me honran, enseñando como doctrinas mandamientos de hombres" (Mateo 15:9). Esas doctrinas falsas y engañosas son un rebrote que ha crecido a partir de aquél tocón que quedó en la tierra siglos atrás. Debemos investigar cuidadosamente para asegurarnos de que nuestra fe está basada sólo en la Biblia, y no en los mandamientos de los hombres.

Capítulo 5—La Escritura Misteriosa

Daniel 5:1: *El rey Belsasar hizo un gran banquete a mil de sus príncipes, y en presencia de los mil bebía vino.*

Pasaron unos 25 años entre el capítulo precedente y el actual.

Belsasar había llegado al trono el año 541 antes de Cristo.

Sólo dos años más tarde los ejércitos de Medo-Persia se enfrentaron a Babilonia fuera de las murallas de la ciudad. Los babilonios fueron derrotados y se arrastraron retrocediendo a la seguridad de sus murallas. Cerraron las puertas y comenzó el sitio de la ciudad. En Babilonia se reían de sus enemigos. ¿Acaso no eran sus murallas las más enormes del mundo? ¿No tenían provisiones suficientes para veinte años?

Pero aunque sus gobernantes y su gente no lo sabían, había llegado la última noche para aquel orgulloso imperio. Estaban absorbidos en procura de placer. Algunos bailaban, muchos bebían. Sin que ellos lo sepan, los santos vigilantes en el cielo pesan al rey y al resto de personas en las balanzas del juicio de Dios, y los encuentran faltos. Se pronuncia sobre ellos la sentencia eterna. Mientras Belsasar contempla aquella tarde el sol poniéndose al oeste de las murallas de Babilonia, poco imagina que nunca más lo volverá a ver salir. El Salvador nos recuerda hoy: "Mirad también por vosotros mismos, que vuestros corazones no se carguen de glotonería y de embriaguez y de las preocupaciones de esta vida, y venga de repente sobre vosotros aquel día, porque como un lazo vendrá sobre todos los que habitan sobre la faz de la tierra" (Lucas 21:34-35).

Las excavaciones de la antigua Babilonia han dejado al descubierto el que muy probablemente fue el salón de aquel banquete con los mil príncipes. Mide 53 x 17 metros. En el centro de una de las paredes hay una oquedad rectangular que probablemente alojó la mesa del rey. Las paredes aún siguen recubiertas de un "encalado" blanco. Las crónicas antiguas hablan de grandes fiestas organizadas por los reyes. Un rey persa acomodó a 15.000 invitados. Alejandro Magno a 10.000. El libro de Ester habla de la gran fiesta de Jerjes (que la Biblia llama Asuero, capítulo 1 del libro de Ester). La fiesta de Belsasar era una escena de desenfreno, borrachera e inmoralidad. El antiguo historiador Jenofonte (431-534 a. de C.) refiere que los babilonios tenían un cierto día de fiesta nacional en el que se esperaba que todos bebieran y lo pasaran bien en la noche. Bien pudo haber sido esa la ocasión.

Daniel 5:2-3: *Belsasar, con el gusto del vino, mandó que trajeran los vasos de oro y de plata que Nabucodonosor, su padre, había traído del templo de Jerusalén, para que bebieran de ellos el rey y sus grandes, sus mujeres y sus concubinas. Entonces trajeron los vasos de oro que habían traído del templo de la casa de Dios, que estaba en Jerusalén, y bebieron de ellos el rey y sus príncipes, sus mujeres y sus concubinas.*

Esa fiesta honraba sin duda la victoria de los dioses paganos de Babilonia sobre el Dios del cielo —según ellos creían— cuando Judá fue conquistada años atrás. Bajo los efectos del vino el rey ordenó inicuamente que le fueran traídos los vasos sagrados que los hebreos habían dedicado a adorar al santo Dios del cielo (Éxodo 31:1-11). El rey lo conocía, y se propuso insultarlo.

Había en Babilonia personas comedidas que reverenciaban a Dios, de igual forma en que hay en nuestra cultura quienes desaprueban a las multitudes licenciosas que viven tras la búsqueda del placer. Aquella noche la blasfemia y el desafío no iban a quedar impunes en Babilonia, a pesar de que aparentemente habían sido pasados por alto muchas veces con anterioridad.

Antes que el rey tenga tiempo de guardar los vasos sagrados sustraídos del templo de Jerusalén, observa algo que le hace palidecer. Allí, en público, se descontrola, su fisiología se descompone.

Daniel 5:4-9*: Bebieron vino y alabaron a los dioses de oro y plata, de bronce, de hierro, de madera y de piedra. En aquella misma hora aparecieron los dedos de una mano de hombre que escribía delante del candelabro, sobre lo encalado de la pared del palacio real; y el rey veía la mano que escribía. Entonces el rey palideció y sus pensamientos lo turbaron, se debilitaron sus caderas y sus rodillas daban la una contra la otra. El rey gritó en alta voz que hicieran venir magos, caldeos y adivinos; y dijo el rey a los sabios de Babilonia: "Cualquiera que lea esta escritura y me dé su interpretación, será vestido de púrpura, llevará en su cuello un collar de oro y será el tercer señor en el reino". Entonces fueron introducidos todos los sabios del rey, pero no pudieron leer la escritura ni dar al rey su interpretación. Entonces el rey Belsasar se turbó sobremanera y palideció, y sus príncipes estaban perplejos.*

Terminaron las risas. Los hombres y las mujeres tiemblan bajo un sentimiento de terror que nunca habían experimentado hasta entonces. Observan una mano que traza lentamente caracteres misteriosos en la pared como si se tratara de un cine gigante. Cada uno recuerda la maldad de su propia vida. Sienten la premonición de tener que comparecer ante el tribunal de juicio del Dios eterno cuya santidad y justicia desafiaron. Allí donde hacía un instante campaba la algazara y los chistes blasfemos, hay ahora sollozos, gritos de terror y rodillas que chocan entre sí. Cuando Dios atemoriza, nadie es capaz de ocultar la intensidad de su terror.

El rey es el más aterrorizado de todos. Más que cualquier otro, era el responsable de la rebelión contra el cielo que aquella noche alcanzó el punto sin retorno para Babilonia. En presencia del Vigilante invisible cuyo poder ha sido desafiado y cuyo nombre se ha blasfemado, el rey está paralizado de terror. Ese es un anticipo que tenemos el privilegio de contemplar, de lo que ha de acontecer en nuestro mundo, quizá mucho antes de lo que imaginamos.

Daniel 5:10-12: *La reina, por las palabras del rey y de sus príncipes, entró a la sala del banquete, y dijo: —¡Rey, vive para siempre! No te turben tus pensamientos ni palidezca tu rostro. En tu reino hay un hombre en el que mora el espíritu de los dioses santos, y en los días de tu padre se halló en él luz, inteligencia y sabiduría, como la sabiduría de los dioses. El rey Nabucodonosor, tu padre, oh rey, lo constituyó jefe sobre todos los magos, astrólogos, caldeos y adivinos, por cuanto en él se halló más espíritu, ciencia y entendimiento para interpretar sueños, descifrar enigmas y resolver dudas; esto es, en Daniel, al cual el rey puso por nombre Beltsasar. Llámese, pues, ahora a Daniel, y él te dará la interpretación.*

La reina que aquí se menciona es la reina madre, quizá una hija de Nabucodonosor. Los antiguos historiadores le dan el nombre de Nicotris. Ella se acuerda entonces del anciano profeta que la nueva generación apartó del gobierno, probablemente con sorna (¡no se iban a guiar por un viejo excéntrico y supersticioso como él!). Son demasiado sabios como para creer en un Dios celestial e invisible. A pesar de lo anterior, se llama inmediatamente a Daniel, muy probablemente despertándolo de su sueño, ya que él no se implicaba en fiestas de placer y borrachera. Calmado, sobrio, dueño de sí, se acerca en silencio ante el tembloroso rey y los nobles ricamente vestidos y ebrios.

Daniel 5:13: *Entonces trajeron a Daniel ante el rey. Y dijo el rey a Daniel: —¿Eres tú aquel Daniel de los hijos de la cautividad de Judá, que mi padre trajo de Judea?*

A pesar de su temor y temblor, el rey procura ahora menospreciar al anciano Daniel, no queriendo dejar en sus invitados la impresión de estar preocupado por el misterioso mensaje escrito en la pared. Aunque Daniel había sido primer ministro del imperio y jefe de los "sabios", el vanidoso y joven rey lo aborda con condescendencia por ser uno de los cautivos de la judería conquistada. Sin responderle palabra, el anciano profeta dirige su mirada a los ojos esquivos del gobernante tan necio como aterrorizado. Belsasar tiene algo que decir respecto a por qué se ha convocado a Daniel.

Daniel 5:14-16: *Yo he oído de ti que el espíritu de los dioses santos está en ti, y que en ti se halló luz, entendimiento y mayor sabiduría. Y ahora trajeron ante mí sabios y astrólogos para que leyeran esta escritura y me dieran su interpretación; pero no han podido interpretarme el asunto. Yo, pues, he oído de ti que puedes interpretar y resolver dificultades. Si ahora puedes leer esta escritura y darme su interpretación, serás vestido de púrpura, llevarás en tu cuello un collar de oro y serás el tercer señor en el reino.*

El rey cambia su discurso y comienza a halagar a Daniel. Comprende que tiene ante él, no un cautivo despreciado, sino un hombre de Dios. Daniel quiere que se comprenda claramente que no tiene interés alguno en las recompensas que el rey le ofrece, ya que no lo mueve ningún motivo egoísta tal como el de los sabios paganos. No le hace al rey ningún cumplido, nada parecido a desearle que viva por siempre, pues sabe bien que en unas pocas horas el orgulloso monarca de Babilonia yacerá muerto junto a su imperio.

Daniel 5:17-24: *Entonces Daniel respondió y dijo al rey: — Tus dones sean para ti; da tus recompensas a otros. Leeré la escritura al rey y le daré la interpretación. El Altísimo Dios, oh rey, dio a Nabucodonosor, tu padre, el reino, la grandeza, la gloria y la majestad. Y por la grandeza que le dio, todos los pueblos, naciones y lenguas temblaban y temían delante de él. A quien le placía, mataba, y a quien le placía, daba vida; engrandecía a quien le placía, y a quien le placía, humillaba. Pero cuando su corazón se ensoberbeció y su espíritu se endureció en su orgullo, fue depuesto del trono de su reino y despojado de su gloria. Fue echado de entre los hijos de los hombres, su mente se hizo semejante a la de las bestias y con los asnos monteses fue su habitación. Le hicieron comer hierba, como al buey, y su cuerpo se empapó del rocío del cielo, hasta que reconoció que el Altísimo Dios tiene dominio sobre el reino de los hombres, y que pone sobre él al que le place. Pero tú, su hijo Belsasar, no has humillado tu corazón sabiendo todo esto, sino que contra el Señor del cielo te has ensoberbecido; hiciste traer ante ti los vasos de su Casa, y tú y tus grandes, tus mujeres y tus concubinas bebisteis vino de ellos; además diste alabanza a dioses de plata y oro, de bronce, de hierro, de madera y de piedra, que ni ven ni oyen ni saben; pero nunca honraste al Dios en cuya mano está tu vida y de quien son todos tus caminos. Por eso, de su presencia envió él la mano que trazó esta escritura.*

Las palabras de Daniel fueron directas y osadas. La historia que le recordó sobre Nabucodonosor, abuelo de Beltsasar, no era desconocida para la corte. La conciencia del joven rey se despertó al recordársele los bien conocidos eventos que tiempo atrás habían sido motivo de conversación en el Imperio babilónico. A los reyes de Babilonia el cielo les había dado gran luz y oportunidades, y el engreído Belsasar no podía alegar ignorancia. Había rechazado la luz del cielo con desdén y arrogancia. "Curamos a Babilonia, pero no ha sanado" (Jeremías 51:9). Ahora el dedo de Dios ha tocado el orgullo del Imperio de oro de Babilonia, que está a punto de caer.

Daniel 5:25-29: *La escritura que trazó es: "Mene, Mene, Tekel, Uparsin". Esta es la interpretación del asunto: "Mene": Contó Dios tu reino y le ha puesto fin. "Tekel": Pesado has sido en balanza y hallado falto. "Peres": Tu reino ha sido roto y dado a los medos y a los persas. Entonces Belsasar mandó vestir a Daniel de púrpura, poner en su cuello un collar de oro y proclamar que él era el tercer señor del reino.*

Daniel, que está bien acostumbrado a oír la voz de Dios, no tiene dificultad para leer el lenguaje del cielo. El malvado rey está desconcertado, pero le es familiar la escena de ser pesado en balanza en un tribunal de juicio. Su creencia pagana era similar a la del karma o hinduismo, donde los dioses pesan las buenas obras de la gente junto a sus malas obras. El sentido del juicio dependerá de cuál de las dos balanzas prevalezca.

Mientras Daniel está todavía hablando, los soldados de Ciro (ver comentarios al capítulo 2, versículo 39) están invadiendo silenciosamente la ciudad por el cauce seco del río. Nadie ha visto descender el nivel de las aguas del Éufrates que está permitiendo la incursión del ejército que los sitiaba. El rey se sienta abatido, aguardando su condenación inevitable.

Daniel abandona el banquete en dignidad y honor. Todo está ahora en silencio, excepto por los sollozos y lamentos de los comensales.

De repente se oye el estruendo de los invasores, y los rudos soldados persas, espada en mano, irrumpen para matar al rey en primer lugar. Parecen tan numerosos como "langostas": "Yo te llenaré de hombres como de langostas, y levantarán contra ti gritería de triunfo" (Jeremías 51:14). La batalla se extiende por toda la ciudad. Los correos van de estación en estación anunciando la toma de la ciudad (Jeremías 51:31). Se producen incendios que tiñen el cielo de rojo. Los de Babilonia luchan desesperadamente por su imperio en ruinas, pero se rinden agotados por falta de sueño y exceso de vino, y muchos perecen bajo la espada de Medo- Persia.

Cuando el sol sale al este de las murallas, la gran Babilonia ya no es la reina de los imperios. La cabeza de oro que Nabucodonosor vio en su sueño ya ha dado paso al pecho y brazos de plata.

Daniel 5:30-31: La misma noche fue muerto Belsasar, rey de los caldeos. Y Darío, de Media, cuando tenía sesenta y dos años, tomó el reino.

Es probable que Daniel conociera personalmente a Darío, ya que le fue preservada la vida. Había aceptado los dones de Belsasar, siendo el tercero en el reino, con el propósito de poder ayudar más eficazmente a su propio pueblo cuando los persas tomaron el reino. El ser hecho el tercero en el reino probablemente significaba que Nabonido era el primero, siendo su hijo Belsasar el segundo (y Daniel el tercero). Es evidente que los medo-persas mantuvieron a Daniel en una posición elevada en el nuevo gobierno.

Las naciones están cometiendo hoy los mismos tristes errores que llevaron a la caída de Babilonia. En nuestros días la próxima gran caída de los reinos de esta tierra terminará en el establecimiento del reino eterno de Dios. Hoy sigue resonando el llamado del cielo al pueblo de Dios que milita aún en la moderna "Babilonia" espiritual: "¡Huid de en medio de Babilonia! ¡Poneos a salvo, para que no perezcáis a causa de su maldad!, porque es el tiempo de la venganza de Jehová" (Jeremías 51:6; Apocalipsis 18:4).

Este es el lugar de refugio: "El que habita al abrigo del Altísimo morará bajo la sombra del Omnipotente" (Salmo 91:1). Una fe viva en el Hijo de Dios, quien es "el Salvador del mundo" te llevará a una plena reconciliación con la justicia de Dios, a la obediencia de todos sus mandamientos (Gálatas 5:6; Apocalipsis 14:6-12). La experiencia de la expiación —reconciliación— consiste en llegar a ser uno con Dios en carácter mediante la fe. Y la fe se basa en la profunda apreciación del corazón al sacrificio de Cristo en la cruz.

El mundo está constantemente gravitando hacia el espíritu desenfrenado de avidez por placer de la antigua Babilonia, pero tal como veremos en próximos capítulos, nuestro período de la historia corresponde a lo que Dios llama "tiempo del fin", "día de la expiación". ¡Los babilonios debieron haber pasado su última noche en ayuno y oración!

Capítulo 6—Leones Hambrientos que no Comen

Daniel 6:1-5: Pareció bien a Darío constituir sobre el reino ciento veinte sátrapas que gobernaran en todo el reino. Y sobre ellos tres gobernadores, de los cuales Daniel era uno, a quienes estos sátrapas dieran cuenta, para que el rey no fuera perjudicado. Pero Daniel mismo era superior a estos sátrapas y gobernadores, porque había en él un espíritu superior; y el rey pensó en ponerlo sobre todo el reino. Los gobernadores y sátrapas buscaron ocasión para acusar a Daniel en lo relacionado con el reino; pero no podían hallar motivo alguno o falta, porque él era fiel, y ningún error ni falta hallaron en él. Entonces dijeron aquellos hombres: No hallaremos contra este Daniel motivo alguno para acusarlo, si no lo hallamos contra él en relación con la ley de su Dios.

Darío sólo reinó dos años tras haber capturado Babilonia el año 538 antes de Cristo. Por consiguiente, lo relatado en este capítulo sucedió poco tiempo después de la conquista de Babilonia por los medo-persas.

Daniel había desarrollado amistad con los persas cuando vivió previamente en Susan. Ellos reconocían su habilidad y su fidelidad, y se alegraron por su "espíritu superior". El nuevo rey, Darío, aparentemente no quería sobrecargarse con el trabajo de los negocios, y delegó su autoridad en otros. Confiando plenamente en Daniel, lo había hecho el principal de los presidentes, o primer ministro del reino.

El resto de los ciento veinte príncipes, así como los otros dos presidentes estaban habituados al soborno, el cohecho y el robo. Deseosos de poder mantener para sí mismos una cierta proporción de los impuestos que recaudaban, tendrían que rendir cuentas al honesto y fiel Daniel cuando vinieran a él para presentarle sus informes. Daniel de forma alguna permitiría el robo o la extorsión. Él era un creyente en la verdad que más tarde expresaría Cristo: "Dad a César lo que es de César, y a Dios lo que es de Dios". Sabedores de que Daniel daría a Dios fielmente lo que corresponde a Dios, Darío no temía que fuera negligente en requerir igualmente de sus inferiores una devolución cabal de los impuestos a "César" (al gobierno).

La persecución religiosa es deshonesta y odiosa. Los príncipes y presidentes buscaban la ocasión contra Daniel en lo relativo a la ley de su Dios debido a los celos que sentían por él. Tramaron métodos mentirosos a fin de lograr sus malvados propósitos

Daniel 6:6-9*: Entonces estos gobernadores y sátrapas se juntaron delante del rey y le dijeron: —¡Rey Darío, para siempre vive! Todos los gobernadores del reino, magistrados, sátrapas, príncipes y capitanes han acordado por consejo que promulgues un edicto real y lo confirmes, ordenando que cualquiera que en el espacio de treinta días demande petición de cualquier dios u hombre fuera de ti, rey, sea echado al foso de los leones. Ahora, pues, oh rey, confirma el edicto y fírmalo para que no pueda ser revocado, conforme a la ley de Media y de Persia que no puede ser abrogada. Firmó, pues, el rey Darío el edicto y la prohibición.*

El lenguaje original sugiere que los príncipes se juntaron y abordaron al rey por sorpresa, antes que pudiera darse cuenta del propósito sinuoso y oculto que encerraba esa nueva ley.

Cuando recordamos que Babilonia acababa de ser conquistada, y que es muy probable que hubiera agitación y sentimientos de rebeldía hacia el nuevo gobierno medo-persa, podemos entender mejor los pretextos que los enemigos de Daniel trajeron ante el rey. Se suponía que el nuevo edicto probaría la lealtad de los orgullosos —aunque conquistados— caldeos. El rey cayó en el engaño. Pensando que ya contaba con la aprobación previa de Daniel, firmó el edicto sin dudarlo. Nos encontramos nuevamente ante otro episodio del gran conflicto entre Cristo y Satanás. Era mucho más que política local. Aquellos hombres que aborrecían a Daniel eran agentes de Satanás, ya que él detestaba la rectitud de Daniel, el siervo de Dios. El propósito de ellos era matarlo, y pensaron que ese era un buen ingenio para lograrlo. Es animador observar la firme intrepidez que Daniel exhibió ante el desafío.

Daniel 6:10: *Cuando Daniel supo que el edicto había sido firmado entró en su casa; abiertas las ventanas de su habitación que daban a Jerusalén, se arrodillaba tres veces al día, oraba y daba gracias delante de su Dios como solía hacerlo antes.*

¿Por qué habría de dejar de orar ahora, siendo que necesitaba más que nunca la protección de Dios? Daniel elegiría gustoso la muerte antes que vivir negando a Dios. Fue como un anticipo de la posición que tomaron quienes redactaron la Constitución de Estados Unidos miles de años después: ningún poder terrenal puede interponerse entre una persona y su relación personal con Dios. Daniel ignoraba que estaba elevando la antorcha de la verdad a una altura tal, que su luz perduraría hasta nosotros que vivimos en el siglo XXI de la era cristiana.

Su costumbre de orar tres veces al día se basaba sin duda en el Salmo 55:17: "En la tarde, al amanecer y al mediodía oraré y clamaré, y él oirá mi voz". Estando habituado a orar en voz alta, no dejará de hacerlo ahora que hay una ley que lo prohíbe. ¡Orar en voz alta es una buena idea!

Daniel 6:11-13: *Se juntaron entonces aquellos hombres, y hallaron a Daniel orando y rogando en presencia de su Dios. Fueron luego ante el rey y le hablaron del edicto real: —¿No has confirmado un edicto ordenando que cualquiera que en el espacio de treinta días pida a cualquier dios u hombre fuera de ti, rey, sea echado al foso de los leones? Respondió el rey diciendo: —Verdad es, conforme a la ley de Media y de Persia, que no puede ser abrogada. Entonces respondieron y dijeron delante del rey: —Daniel, que es de los hijos de los cautivos de Judá, no te respeta a ti, rey, ni acata el edicto que confirmaste, sino que tres veces al día hace su petición.*

No es necesario asumir que los 120 príncipes —o más— de aquel gobierno acudieron a ver cómo oraba Daniel, o que todos ellos se presentaron ante el rey con la protesta. Pudieron ser unos pocos los agentes que lo hicieron en delegación de los muchos.

"Todos los que quieren vivir piadosamente en Cristo Jesús padecerán persecución", es la inspirada declaración del apóstol Pablo (2 Timoteo 3:12). Los acusadores, lejos de hablar de Daniel en términos respetuosos como es apropiado para referirse al primer ministro —o jefe de los presidentes—, dijeron con desprecio: "Daniel, que es de los hijos de los cautivos de Judá".

Afirmar que Daniel no respetaba al rey era una falsedad manifiesta, y el rey lo sabía. De repente se dio cuenta del malvado propósito de aquel edicto que le habían llevado para que lo firmara apresuradamente. ¡Cómo desearía ahora no haberlo firmado!

Daniel 6:14-17: *Cuando el rey oyó el asunto, le pesó en gran manera y resolvió librar a Daniel; y hasta la puesta del sol trabajó para librarlo. Pero aquellos hombres rodearon al rey y le dijeron:*

—Sabes, oh rey, que es ley de Media y de Persia que ningún edicto u ordenanza que el rey confirme puede ser abrogado. Entonces el rey ordenó que trajeran a Daniel, y lo echaron al foso de los leones. El rey dijo a Daniel: —El Dios tuyo, a quien tú continuamente sirves, él te libre. Trajeron una piedra y la pusieron sobre la puerta del foso, la cual selló el rey con su anillo y con el anillo de sus príncipes, para que el acuerdo acerca de Daniel no se cambiara.

Un rey posterior, Darío III, estando aparentemente airado, sentenció a un tal Charidemos a la muerte. Darío dijo que "se arrepintió inmediatamente y se inculpó por haber errado gravemente, pero era imposible retractar lo que se había firmado bajo la autoridad real". Ese relato de Daniel se ajusta a la realidad de la historia. Antiguos escritos se refieren a reyes —especialmente reyes persas— que guardaban leones a fin de torturar bárbaramente a víctimas desafortunadas.

El rey temió no poder librar a Daniel sin comprometer su propia posición como rey, de igual forma en que Pilato temió no poder librar a Cristo sin perder su posición como gobernador. Así, por causa de su honor y de su trono —que la muerte le arrebataría muy poco tiempo después— el rey estuvo dispuesto a entregar a un hombre justo e inocente a la muerte. Daniel, el "varón muy amado" de Dios, estaba siendo tratado tal como lo sería su Señor Jesucristo.

Observa cómo manejó el Señor ese problema hasta su resolución: no evitó que aquellos hombres malvados siguieran sus planes, sino que permitió que los desarrollaran hasta el final a fin de demostrar con mayor claridad su juicio justo. Cuando te sientes tentado a pensar que los asuntos se están desarrollando en tu contra, recuerda esta historia. "Ciertamente la ira del hombre te alabará" (Salmo 76:10). Observa que el Señor no habría podido obrar esa poderosa liberación si no hubiera contado con el hombre que creyó en él de forma tan incondicional como para permitir a Dios llevar a cabo su plan.

El rey persa no conocía al Dios de Daniel. Sólo de oídas había escuchado sobre él. Ahora va a aprender de primera mano acerca del amor y el poder del Dios del cielo.

Daniel 6:18-24: *Luego el rey se fue a su palacio y se acostó en ayunas; no trajeron ante él instrumentos musicales, y se le fue el sueño. El rey se levantó muy de mañana, y fue apresuradamente al foso de los leones. Acercándose al foso llamó a gritos a Daniel con voz triste, y le dijo: —Daniel, siervo del Dios viviente, el Dios tuyo, a quien tú continuamente sirves, ¿te ha podido librar de los leones? Entonces Daniel respondió al rey: —¡Rey, vive para siempre! Mi Dios envió su ángel, el cual cerró la boca de los leones para que no me hicieran daño, porque ante él fui hallado inocente; y aun delante de ti, oh rey, yo no he hecho nada malo. Se alegró el rey en gran manera a causa de él, y mandó sacar a Daniel del foso. Sacaron, pues, del foso a Daniel, pero ninguna lesión se halló en él, porque había confiado en su Dios. Luego ordenó el rey que trajeran a aquellos hombres que habían acusado a Daniel, y fueron echados al foso de los leones ellos, sus hijos y sus mujeres; y aún no habían llegado al fondo del foso, cuando los leones se apoderaron de ellos y quebraron todos sus huesos.*

Si fueras Daniel, ¿habrías reprendido al rey una vez fuera del foso? Daniel no le hizo ningún reproche por permitir que lo arrojaran al foso de los leones, pero le señaló claramente su inocencia, así como la injusticia de su acción hacia él. Era apropiado que así lo hiciera.

El ángel del Señor había venido al foso y amansó los leones, volviéndolos a su mansedumbre del principio antes que el pecado entrara en el mundo, y tal como volverán a ser en la tierra renovada una vez que el pecado haya sido finalmente destruido (Isaías 11:6- 9; Job 5:22-23). Aquella noche fue probablemente la más gratificante que Daniel tuvo en su vida entera. Tuvo por compañero al ángel del Señor, quien estaba presente a su lado. ¡Daniel estuvo mucho más feliz allí con el ángel y con el Espíritu de Cristo —quien está con nosotros en todas nuestras persecuciones y dificultades por su causa—, que el rey en su palacio! Jamás hemos de temer lo que los hombres puedan hacer con nosotros si somos leales a Dios. Esa notable experiencia se cita en Hebreos 11:33, donde se lee que "por fe ... taparon bocas de leones".

Cuando los enemigos de Daniel vieron su liberación prodigiosa es posible que trataran de explicar el milagro aduciendo que los leones no estaban suficientemente hambrientos. A fin de indagar la veracidad de esa teoría, el rey los arrojó a ellos al foso.

Daniel 6:25-28*: Entonces el rey Darío escribió a todos los pueblos, naciones y lenguas que habitan en toda la tierra: "Paz os sea multiplicada. De parte mía es promulgada esta ordenanza que en todo el dominio de mi reino todos teman y tiemblen ante la presencia del Dios de Daniel. Porque él es el Dios viviente y permanece por todos los siglos, su reino no será jamás destruido y su dominio perdurará hasta el fin. Él salva y libra, y hace señales y maravillas en el cielo y en la tierra; él ha librado* *a Daniel del poder de los leones". Daniel prosperó durante los reinados de Darío y de Ciro, el persa.*

Daniel era anciano cuando pasó por esta experiencia. Su liberación lo llenó de ánimo, y la mayor parte de sus visiones las escribió después de aquel tiempo. En términos mundanos se podría decir que fue un autor que floreció tardíamente.

Apreciado lector, tú eres un siervo de Dios tal como lo fue Daniel. Cuando las cosas parecen complicarse para ti, ¿te darás por vencido? Cuando los impíos soldados apresaron a Daniel para arrojarlo al foso de los leones, quizá fue tentado a pensar que Dios lo había abandonado. Tú puedes ser tentado del mismo modo. Pero no: Dios nunca te abandonará. Si tu corazón está afirmado en Dios en la hora de la prueba, puedes experimentar la misma paz y felicidad que en tiempo de prosperidad.

Daniel nos enseña que un estadista o un político puede ser honrado, recto e instruido por Dios a cada paso. De igual forma, cuando el hombre de negocios se convierte y está consagrado, puede ser como Daniel. Daniel prosperó allí donde fue. Tenía tacto, cortesía, bondad y fidelidad a los principios. Hasta sus enemigos se vieron forzados a confesar que "no podían hallar motivo alguno o falta, porque él era fiel, y ningún error ni falta hallaron en él".

¿Fue Daniel bueno por naturaleza? De ser así, no hay mucha esperanza para nosotros, que no somos buenos por naturaleza. Lo que sabemos sin lugar a duda es que Daniel nació con una naturaleza pecaminosa, alejada de Dios, tal como todos los que hemos nacido de mujer. Pero su madre (quizá también su padre) le enseñó los principios del evangelio. Pablo afirma que Dios "evangelizó antes a Abraham" (Gálatas 3:8). El Espíritu Santo hizo lo mismo con

Daniel, quien fue cristiano simplemente porque siendo pecador creyó en Cristo y ejerció "la fe que obra por el amor" (Gálatas 5:6).

Nuestro mundo de hoy está necesitado de líderes políticos, gobernantes, funcionarios y hombres de negocios que sean tan honrados y abnegados como Daniel. Tenemos en Salvador, un gran Sumo Sacerdote, capaz de "salvar perpetuamente a los que por él se acercan a Dios, viviendo siempre para interceder por ellos" (Hebreos 7:25). Decide entregarle tu corazón, y él te dará gracia para vencer toda tentación que pueda venir, ocupes el lugar que ocupes en la sociedad según la estimación humana.

¡Dios nos dé valor para estar del lado de lo recto junto con Daniel! "Bienaventurado el hombre que soporta la tentación, porque cuando haya resistido la prueba, recibirá la corona de vida que Dios ha prometido a los que lo aman" (Santiago 1:12).

Capítulo 7—El Mundo Elige A Su Nuevo Gobernante

Daniel 7:1*: En el primer año de Belsasar, rey de Babilonia, tuvo Daniel un sueño y visiones de su cabeza mientras estaba en su lecho; luego escribió el sueño y relató lo principal del asunto.*

Llegamos ahora al corazón del fascinante libro de Daniel. El método señalado por Dios para enseñar la verdad a su pueblo es hablando a sus profetas mediante sueños y visiones: "Cuando haya entre vosotros un profeta de Jehová, me apareceré a él en visión, en sueños le hablaré" (Números 12:6). ¡Eso califica al profeta Daniel!

Daniel 7:2-3*: Daniel dijo: Miraba yo en mi visión de noche, y vi que los cuatro vientos del cielo combatían en el gran mar. Y cuatro bestias grandes, diferentes la una de la otra, subían del mar.*

El capítulo 7 describe la historia del mundo, tal como lo hizo la imagen profética del capítulo 2, pero hay diferencias entre ambas profecías:

(1) Un rey pagano había de poder comprender la profecía del capítulo 2; por lo tanto, había de ser muy simple.

(2) Tanto el profeta como la iglesia habrían de comprender la profecía del capítulo 7; en consecuencia, en él se revela en mucho mayor detalle y con un significado más profundo.

(3) La imagen profética del capítulo 2 muestra los cuatro reinos puramente en su aspecto político.

(4) El capítulo 7 nos muestra los cuatro reinos en sus aspectos espirituales, y en su relación con la obra de Dios y con su pueblo. Está dirigido a los habitantes del mundo de nuestros días.

En los versículos 17 y 23 el ángel declara que las cuatro bestias son cuatro reyes o reinos. En su sabiduría, Dios representa la gloria de los imperios humanos como estando orientados a lo terrenal, como animales que carecen de interés en los asuntos celestiales. La Biblia nos fue dada precisamente para elevar a la raza humana de su mente restringida a los asuntos terrenales, haciendo que pueda ver las cosas espirituales. Daniel es un buen libro para cualquiera que comienza a leer la Biblia. Es precisamente el libro que Jesús señaló, enfatizando la especial importancia de leerlo y comprenderlo (Mateo 24:15).

Cien años antes, el profeta Oseas empleó los mismos símbolos del león, leopardo y el oso para describir a reinos que dominarían al pueblo de Dios debido a su rebelión y olvido de la verdad (Oseas 13:5-8). Si Israel hubiera permanecido fiel a su Señor, esos cuatro imperios crueles no se habrían erigido tal como lo hicieron. ¡Cuánto hay en juego, en la fidelidad de su pueblo a Dios! El pueblo de Dios es "la luz del mundo", y cuando esa luz se extingue, ¡qué grandes son las tinieblas! (Mateo 6:23). Dios ha prometido detener los cuatro vientos de la contienda para que su pueblo proclame fielmente su mensaje de sellamiento (Apocalipsis 7:1-4). En esa luz, quienes tienen discernimiento espiritual reconocen que fueron innecesarias la primera y segunda guerras mundiales, así como otras terribles contiendas. El pueblo de Dios ha olvidado con frecuencia su deber. Sigue la descripción de cada una de esas cuatro bestias.

Daniel 7:4*: La primera era como un león, y tenía alas de águila. Yo estaba mirando hasta que sus alas le fueron arrancadas; fue levantada del suelo y se puso enhiesta sobre los pies a manera de hombre, y se le dio corazón de hombre.*

El primer reino, el león, corresponde a la cabeza de oro de la imagen del capítulo 2: el Imperio babilónico. Jeremías comparó el ejército de Babilonia con un león destructor (Jeremías 4:7 y 21:7). Las alas de águila denotan la rapidez de sus conquistas. Habacuc dijo que los caldeos "son más ligeros que leopardos ... vuelan como águilas que se apresuran a devorar" (Habacuc 1:8). Comenzando con la enfermedad mental de Nabucodonosor citada en el capítulo 4, el Imperio de Babilonia fue perdiendo su espíritu y energía. Cuando cayó el imperio, sus soldados ni siquiera fueron capaces de luchar. "Los valientes de Babilonia dejaron de pelear, se encerraron en sus fortalezas; les faltaron las fuerzas, se volvieron como mujeres" (Jeremías 51:30). Esa debilidad está simbolizada en el león que se pone de pie: el imperio tenía ahora un corazón timorato, de la forma en que un león obligado a levantarse sobre sus patas traseras perdió la fiereza bestial que le es característica.

Daniel 7:5*: Vi luego una segunda bestia semejante a un oso, la cual se alzaba de un costado más que del otro. En su boca, entre los dientes, tenía tres costillas; y se le dijo: "Levántate y devora mucha carne".*

El oso representa el mismo reino que el pecho y brazos de plata de la imagen de Daniel 2: Medo-Persia. El estar inclinada a un lado obedece al hecho de que los Medos bajo el mando de Darío eran el poder más fuerte, pero posteriormente, bajo Ciro, fue Persia la que predominó. Los medos y los persas conquistaron tres provincias a las que trataron con una particular crueldad: Babilonia, Lidia y Egipto. Probablemente son las simbolizadas por las tres costillas entre dos dientes del oso.

No hay animal tan cruel como un oso sediento de sangre. La crueldad fue el rasgo destacado del Imperio persa. Tal como vimos en el versículo 24 del capítulo 6, las esposas e hijos inocentes de los hombres condenados fueron castigados igualmente con ellos. Es un tipo de crueldad que no es común entre los gobiernos humanos de nuestro día.

Daniel 7:6: *Después de esto miré, y otra [bestia] semejante a un leopardo, con cuatro alas de ave en sus espaldas. Esta bestia tenía cuatro cabezas; y le fue dado dominio.*

Corresponde al vientre y muslos de bronce de la estatua de Daniel 2. Es el Imperio griego establecido mediante las conquistas meteóricas de Alejandro Magno. El leopardo es un animal relativamente pequeño comparado con un oso. Leemos en los anales que el ejército de Alejandro, de solamente unos 47.000 hombres, conquistó al ejército masivo de los persas, de casi un millón de soldados. Las cuatro alas son indicativas de la velocidad a la que avanzaban los griegos para sorprender a sus conquistados. Alejandro era famoso por sus dotes de organizador y por la velocidad de sus ataques. Las cuatro cabezas corresponden a la división del imperio en cuatro reinos separados tras la muerte de Alejandro.

Daniel 7:7: *Después de esto miraba yo en las visiones de la noche, y vi la cuarta bestia, espantosa, terrible y en gran manera fuerte, la cual tenía unos grandes dientes de hierro; devoraba y desmenuzaba, pisoteaba las sobras con sus pies, y era muy diferente de todas las bestias que había visto antes de ella; y tenía diez cuernos.*

¡En la creación no existe un animal que sea lo suficientemente terrible como para representar a esta cuarta bestia! Roma es la simbolizada en la estatua por las piernas de hierro. Los diez cuernos simbolizan aquí lo mismo que los diez dedos de los pies en la imagen: diez reinos que aparecerían a partir de las ruinas del Imperio pagano de Roma. En los días de Roma pagana la tiranía fue terrible. Nunca ha existido un reino mundial más despiadado y poderoso que él. Llenó su copa de iniquidad participando en la crucifixión del Hijo de Dios, y al masacrar a muchos de los primeros cristianos. Dios tiene a Roma pagana por responsable en el juicio.

Daniel 7:8*: Mientras yo contemplaba los cuernos, otro cuerno pequeño salió entre ellos, y delante de él fueron arrancados tres cuernos de los primeros. Este cuerno tenía ojos como de hombre y una boca que hablaba con gran insolencia.*

El "cuerno pequeño" es el sujeto principal de este capítulo. Ciertamente Dios no nos ocultará su identidad. Todos los detalles que se han señalado con anterioridad son como la "raíz" que sostiene al "árbol" del resto del capítulo. Ese poder representado por el cuerno pequeño es el sujeto de muchas profecías en la Biblia, lo que evidencia que Dios quiere que comprendamos quién es. Tiene un papel muy prominente en la historia del mundo y en nuestras propias vidas hoy sin importar dónde vivamos. O bien estamos totalmente con Cristo, o bien —de forma inevitable— nuestra lealtad se inclinará ante el poder simbolizado por el "cuerno pequeño".

Daniel ya no es más un libro sellado, pues nos encontramos en "el tiempo del fin", en el que Dios lo ha desellado (Daniel 12:4). A medida que avancemos podrás comprobar lo fácil que resulta entender estas profecías.

Daniel 7:9-10: Estuve mirando hasta que fueron puestos unos tronos y se sentó un Anciano de días. Su vestido era blanco como la nieve; el pelo de su cabeza, como lana limpia; su trono, llama de fuego, y fuego ardiente las ruedas del mismo. Un río de fuego procedía y salía de delante de él; miles de miles lo servían, y millones de millones estaban delante de él. El Juez se sentó y los libros fueron abiertos.

En Apocalipsis 14:6-7 leemos un anuncio divino hecho al mundo a propósito de que ha llegado la hora del juicio al que se refiere Daniel. En sus días, ese juicio estaba en el futuro; en los nuestros está en el presente.

¿Qué ser humano reflexivo no temerá ante el Juez personal e infinito? La expectación es indescriptible cuando los millones de ángeles se agrupan alrededor del Juez y se abren los libros que registran cada secreto de nuestra vida a fin de someterlo a la inspección divina. Es a ese tiempo en que se nos llama por nombre para ser juzgados, al que se refiere la advertencia de Jesús: "Mirad también por vosotros mismos, que ... venga de repente sobre vosotros aquel día ... Velad, pues, orando en todo tiempo que seáis tenidos por dignos ... de estar en pie delante del Hijo del hombre" (Lucas 21:34-36). Pero recuerda algo importante: hay dos tipos de juicio: uno es para condenación, el otro para vindicación. A lo que se enfrenta el pueblo de Dios en el juicio es a la vindicación, ya que Cristo ha tomado sobre sí la condenación de ellos, y ha muerto la segunda muerte que a ellos les correspondía.

Los "libros" son los registros de todo el bien o el mal que se ha hecho en la tierra. Contienen nuestras "lágrimas" de agonía, pesar y arrepentimiento (Salmo 56:8; Éxodo 32:32-33), y el registro de nuestras vidas (Salmo 139:16; Malaquías 3:16). En el libro de la vida están escritos los nombres de todos los que dedican sus vidas al servicio de Dios (Filipenses 4:3).

Por lo tanto, ¡no temas ese juicio! Tu Salvador murió para redimirte. No está procurando que quedes fuera de su reino, sino que está dedicado a prepararte para que entres triunfalmente de forma que seas feliz allí. Dios va a honrar y vindicar en su juicio a quienes responden a su Espíritu Santo. Confíale tu caso (1 Juan 2:1- 2). Jesús dice: "Al que a mí viene, no lo echo fuera" (Juan 6:37). ¡Aférrate a esa promesa como a la propia vida!

Daniel 7:11-14: *Yo entonces miraba a causa del sonido de las grandes insolencias que hablaba el cuerno; y mientras miraba mataron a la bestia, y su cuerpo fue destrozado y entregado para quemarlo en el fuego. También a las otras bestias les habían quitado su dominio, pero les había sido prolongada la vida hasta cierto tiempo. Miraba yo en la visión de la noche, y vi que con las nubes del cielo venía uno como un hijo de hombre; vino hasta el Anciano de días y lo hicieron acercarse delante de él. Y le fue dado dominio, gloria y reino, para que todos los pueblos, naciones y lenguas lo sirvieran; su dominio es dominio eterno, que nunca pasará; y su reino es uno que nunca será destruido.*

Podemos ahora ver que el "cuerno pequeño" no es primariamente un poder político, ya que "las grandes insolencias que hablaba el cuerno" son objeto del juicio espiritual que se realiza en el cielo. Por consiguiente, el "cuerno pequeño" es un poder religioso. Creció hasta alcanza prominencia mundial como rama surgida a partir del tronco del antiguo Imperio romano. Se trata de una gran iglesia que existe hoy en el mundo, y que se distingue por haber ejercido el poder político, por haber recurrido al poder civil.

Daniel observó algo interesante: si bien a las tres bestias precedentes (imperios mundiales sucesivos) se les quitó el dominio, les fue prolongada la "vida" hasta el tiempo del juicio final. La gloria y riqueza de Babilonia, la crueldad de Medo-Persia y la sutileza de Grecia siguen presentes e incorporadas al gran y terrible Imperio romano. El poder representado por el "cuerno pequeño" aprendió su sabiduría prodigiosa a partir de las cuatro bestias, cuyo poder e inteligencia perviven en él.

"Uno como un Hijo de hombre" no puede ser otro que Jesús, el Hijo de Dios, a quien gustaba llamarse a sí mismo "el Hijo del hombre". Se hizo uno con nosotros a modo de Hermano mayor. Se pueden trazar las pisadas de Jesús a través de todo el Antiguo Testamento, ya que se dice de él: "Sus orígenes se remontan al inicio de los tiempos, a los días de la eternidad" (Miqueas 5:2). Sus pasos se pueden seguir hoy en ese lugar del santuario celestial llamado "lugar santísimo". Allí está ministrando como nuestro gran Sumo Sacerdote para presentarse por nosotros ante el Padre a fin de terminar su obra de la redención. Cuando finalice su juicio descrito en los versículos 9 y 10, Cristo habrá logrado un reino eterno de justicia.

Los "pueblos, naciones y lenguas" que servirán a Cristo en su reino venidero no son reinos mundanales, sino la hueste de los redimidos en la nueva tierra a partir de todo pueblo, nación y lengua (ver Apocalipsis 21:24).

Daniel 7:15-16: A mí, Daniel, se me turbó el espíritu hasta lo más hondo de mi ser, y las visiones de mi cabeza me asombraron. Me acerqué a uno de los que allí estaban y le pregunté la verdad acerca de todo aquello. Me habló y me hizo conocer la interpretación de las cosas.

Si el propio Daniel se preocupó tanto por comprender esta profecía, nosotros que vivimos ahora debiéramos estar doblemente interesados en ella. Jesús dijo: "El que lee [al profeta Daniel], entienda" (Mateo 24:15). El mismo ángel hizo entender a Daniel el significado de la profecía. Por lo tanto, no hay necesidad de suponer o elucubrar mediante interpretaciones particulares.

Daniel 7:17-22*: Estas cuatro grandes bestias son cuatro reyes que se levantarán en la tierra. Después recibirán el reino los santos del Altísimo, y poseerán el reino hasta el siglo, eternamente y para siempre. Entonces tuve deseo de saber la verdad acerca de la cuarta bestia, que era tan diferente de todas las otras, espantosa en gran manera, que tenía dientes de hierro y uñas de bronce, que devoraba y desmenuzaba, y pisoteaba las sobras con sus pies; asimismo acerca de los diez cuernos que tenía en su cabeza, y del otro que le había salido, ante el cual habían caído tres. Este mismo cuerno tenía ojos y una boca que hablaba con gran insolencia, y parecía más grande que sus compañeros. Y veía yo que este cuerno hacía guerra contra los santos y los vencía, hasta que vino el Anciano de días y se hizo justicia a los santos del Altísimo; y llegó el tiempo, y los santos recibieron el reino.*

Daniel comprendió lo relativo a los primeros tres reinos; pero le angustiaba el cuarto, tan diferente, poderoso y cruel. Lo que le preocupaba de forma especial era un extraño movimiento entre los diez cuernos de la cuarta bestia. Emergió como poder mundial un "cuerno pequeño" diferente a los otros, y al hacerlo arrancó a tres de los diez que se interpusieron en su camino. Daniel vio en ese poder al enemigo real de los santos de Dios, a quienes persiguió con severidad hasta que el Anciano de días se sentó en sesión de juicio y sentenció: 'Hasta aquí has llegado'.

Pero ninguno de esos sufrimientos del pueblo de Dios lo fue en vano. Se dictará sentencia —"juicio"— favorable a todos los que han sido leales a Cristo. Aunque sufrieron en la tierra, fue un privilegio para esos creyentes leales a Cristo "participar de sus padecimientos" (Filipenses 3:10). Entrarán de una forma muy especial en "el gozo de [su] Señor" (Mateo 25:21). ¡O bien honramos, o bien avergonzamos a nuestro Señor! Daniel nos da perspectivas que nos permiten ver nuestros sufrimientos en una luz nueva y animadora.

Daniel 7:23-25: *Dijo así: La cuarta bestia será un cuarto reino en la tierra, el cual será diferente de todos los otros reinos, y a toda la tierra devorará, trillará y despedazará. Los diez cuernos significan que de aquel reino se levantarán diez reyes; y tras ellos se levantará otro, el cual será diferente de los primeros, y derribará a tres reyes. Hablará palabras contra el Altísimo, a los santos del Altísimo quebrantará y pensará en cambiar los tiempos y la Ley; y serán entregados en sus manos hasta tiempo, tiempos y medio tiempo.*

Hemos visto ya que el cuarto reino (piernas de hierro en la imagen de Daniel 2) es Roma pagana. Entre los años 351 y 471 de nuestra era, tribus paganas del norte se abalanzaron sobre el Imperio romano. A partir de sus ruinas surgieron diez pequeños reinos. Los historiadores concuerdan generalmente en que fueron Inglaterra, Francia, España, Portugal, Alemania, Suiza e Italia. Estos siete permanecen hasta hoy. Otros tres ya no existen por haber sido "arrancados": los Hérulos, los Vándalos y los Ostrogodos.

En América del Sur ciertos analfabetos pidieron a un misionero que les enviara un profesor. El misionero accedió.

"Pero", preguntaron, "¿cómo vamos a saber que el profesor lo ha enviado efectivamente usted"? El sabio misionero tomó una piedra, la quebró en dos mitades, dio una mitad al jefe y se guardó la otra mitad. "Cuando llegue el profesor traerá la mitad de la piedra que he partido, y que yo le daré. Podéis estar seguros de que ningún otro profesor en el mundo tiene una media piedra que se corresponda con la que os dejo".

La profecía de Daniel es una parte de la piedra partida. La historia es la otra parte, y encaja tan perfectamente, que hasta un niño puede ver que la palabra de Dios se ha cumplido con exactitud.

Las palabras del ángel contienen siete elementos de identificación:

(1) El "cuerno pequeño" surgiría a partir de los diez cuernos del Imperio romano, pero sería de una naturaleza diferente a ellos.

(2) Sería un poder religioso que procuraría dominar políticamente al mundo.

(3) En su búsqueda de poder sometería a tres reinos que se oponían a su ambición.

(4) Hablaría "con gran insolencia" "palabras contra el Altísimo" ("arrogancias y blasfemias" según Apocalipsis 13:5).

(5) "Entregaría" —perseguiría— a los santos del Altísimo. (6) Intentaría cambiar los tiempos y la ley de Dios.

(7) Perseguiría a los santos durante "tiempo, tiempos y medio tiempo", que equivale a tres años y medio de tiempo profético.

Examinemos esos siete puntos para ver si la historia cumplió la profecía, encajando como lo hacen las dos partes de la piedra.

(1) El "cuerno pequeño" surgiría a partir de los diez reinos del Imperio romano, pero sería diferente a ellos en naturaleza. Puesto que Roma era la capital del mundo, el dirigente de la iglesia en Roma fue visto como el obispo principal de todas las iglesias. A medida que fue fraguándose la apostasía que el apóstol Pablo predijo (2 Tesalonicenses 2:3-12; Hechos 20:29-30), aquella iglesia se fue haciendo más mundana y poderosa. Se introdujeron falsas doctrinas procedentes del paganismo, entre ellas la tradición de que Pedro había dado sólo al obispo de Roma la autoridad para gobernar la iglesia, y que los subsiguientes papas serían sus sucesores (Mateo 16:18-20; 18:17-18 y Salmo 149:5-9). Construyeron su ambición sobre la teoría de que el reino de Cristo había de ser un reino de este mundo. Olvidaron las palabras de Jesús: "Mi Reino no es de este mundo" (Juan 18:36).

(2) Los papas decidieron deshacer por la fuerza toda resistencia a sus pretensiones de autoridad temporal y espiritual, y a su derecho de gobernar todas las naciones. Por lo tanto, el "cuerno pequeño" no es simplemente un reino político más entre los diez, sino un poder religioso que emerge a partir de los poderes políticos.

El papado dio cinco pasos encaminados a lograr su pretensión:

(a) El papa de Roma fue primeramente un hermano de los otros.

(b) Luego les aconsejó como hermano mayor.

(c) Pasando los años, sus palabras fueron recibidas como las de un padre.

(d) Mientras que el gobierno romano se debilitaba, el obispo de Roma se convirtió en "papa" (que significa "padre") y se lo percibió como un señor.

(e) Finalmente declaró ser "Dios en la tierra".

Un historiador prominente escribió:

"La poderosa Iglesia católica fue poco más que el Imperio romano bautizado. Roma resultó transformada tanto como convertida. La capital del antiguo imperio vino a ser la capital del Imperio cristiano. El oficio de pontifex maximus continuó como el de papa ... Hasta el propio lenguaje romano [latín] ha perdurado como el lenguaje oficial de la Iglesia católica romana por los siglos ... La cristiandad no sólo conquistó a Roma, sino que Roma conquistó a la cristiandad".

(3) El "cuerno pequeño", en su pugna por el poder, sometió a tres reinos que se oponían a su ambición. ¿Qué dice la historia?

Odoacro, rey de los hérulos, se oponía a las pretensiones y doctrinas del papado. Junto a sus soldados hérulos, Odoacro fue derrocado el año 493 de nuestra era. Eso causó furor entre los amigos del papado, pero pronto comprobaron que el nuevo rey de los ostrogodos —Teodorico, quien había conquistado a los hérulos— se oponía también al papado. Entonces el papado se constituyó en el enemigo determinado de Teodorico y los ostrogodos.

Por el mismo tiempo, un tercer reino hostil en África del norte amenazaba las pretensiones del papado: el reino de los vándalos.

¡Había que hacer alguna cosa!

El año 533 de nuestra era, el emperador —de oriente— Justiniano promulgó un decreto que exaltaba al papa de Roma como cabeza de todas las iglesias. A fin de hacer efectivo el nuevo decreto, envió a su general Belisario con su ejército a África para aplastar a los vándalos que se le oponían. Lo consiguió al año siguiente. A continuación, el mismo general luchó contra los ostrogodos, expulsándolos finalmente de Italia el año 538. Así, en ese año habían sido arrancados los tres reinos ante el "cuerno pequeño".

(4) El "cuerno pequeño" hablaría con gran insolencia palabras contra el Altísimo. El Diccionario Eclesiástico de Ferraris cita algunas de las pretensiones arrogantes y blasfemas del papado:

"El papa posee una gran dignidad tal, y es tan exaltado, que no es meramente un hombre, sino como si fuera Dios, y el vicario de Dios

... El papa posee una triple corona como rey del cielo, de la tierra y de las regiones inferiores ... El poder del Pontífice romano de forma alguna pertenece solamente a las cosas celestiales, a las terrenales y a las de debajo de la tierra, sino que está por encima de los ángeles, respecto a los cuales es superior ... ya que posee una dignidad y poder tan grandes, que forma un único tribunal con Cristo ... El papa es como si fuera Dios en la tierra".

Tan tardíamente como en 1894, el papa León XIII dijo: "Ocupamos en esta tierra el lugar del Dios Todopoderoso". Aquí encontramos un poder cumpliendo la voluntad de Lucifer, hijo de la mañana, quien dijo: "En lo alto, junto a las estrellas de Dios levantaré mi trono ... seré semejante al

Altísimo" (Isaías 14:13-14). Fue a causa de ese orgullo y blasfemia por lo que Lucifer, ahora llamado Satanás, fue arrojado del cielo.

(5) El "cuerno pequeño" entregaría (perseguiría) a los santos del Altísimo. Durante la Edad Media, que comenzó el año 538 de nuestra era, el papado persiguió hasta la muerte a muchos cristianos que decidieron seguir la Biblia. El siniestro registro de esos crímenes es uno de los capítulos más tenebrosos de la historia de la humanidad. Así lo resume un historiador:

"Ningún protestante que tenga conocimientos de historia negará que la Iglesia de Roma ha derramado más sangre inocente que cualquier otra institución que jamás haya existido en la humanidad".

(6) El "cuerno pequeño" intentaría cambiar los tiempos y la ley de Dios. Citamos nuevamente a partir de Roman Catholic Prompta Bibliotheca (Ferraris):

"El papa tiene tan grande poder y autoridad, que puede modificar [cambiar], explicar o interpretar las leyes divinas".

En el Catecismo Católico Romano empleado para instruir a las personas del común, la ley de Dios está cambiada de forma que el segundo mandamiento que prohíbe la adoración de imágenes se ha eliminado. El cuarto se ha acortado y cambiado a fin de apoyar la observancia del primer día de la semana (domingo), en lugar del séptimo día, que es el sábado o verdadero Sabat. El décimo se ha dividido en dos mandamientos. En relación con los cambios en el cuarto mandamiento, en un catecismo oficial autorizado se lee:

"Pregunta: ¿Tiene alguna otra forma de probar que la iglesia tiene poder para instituir fiestas obligatorias?

Respuesta: Si no tuviera tal poder, no habría podido hacer eso en lo que todos los religiosos modernos concuerdan con ella; no habría podido instituir la observancia del domingo del primer día de la semana en lugar de la observancia del sábado o séptimo día, cambio para el que no existe ninguna autoridad en la Escritura".

Esta es otra declaración interesante hecha más recientemente:

"La Biblia no dice nada sobre un cambio en el día del Señor desde el sábado al domingo. Sabemos de ese cambio solamente por la tradición de la Iglesia [católica], un cambio que se introdujo desde los primeros tiempos mediante la voz viviente de la Iglesia [católica]. Por eso encontramos tan ilógica la actitud de muchos no- católicos que profesan no creer nada que no puedan encontrar en la Biblia, y sin embargo continúan guardando el domingo como día del Señor por mandato de la Iglesia católica".

Intentar cambiar la ley de Dios es algo que Dios mismo ha declarado que no puede ni va a hacer (Salmo 89:34). No es maravilla que Daniel se sorprendiera al oír las palabras del "cuerno pequeño".

(7) El "cuerno pequeño" perduraría durante "tiempo, tiempos y medio tiempo". Un "tiempo" es otra forma de expresar un año. "Tiempos" se refiere a dos años, y "medio tiempo" a medio año. Sumando los tres, el poder representado por el cuerno pequeño continuaría en situación de autoridad coercitiva por tres años y medio de tiempo profético. Durante ese tiempo los santos serían entregados en su mano (serían perseguidos). Pero el tiempo profético no es igual que el tiempo común o literal.

Los diversos símbolos encontrados en las profecías de Daniel tienen una explicación simple en la Biblia. En la Escritura un día es el símbolo de un año de tiempo literal (Ezequiel 4:6; Números 14:34; Levítico 25:8; Génesis 29:27).

En Apocalipsis 12:14 se menciona ese mismo período de tiempo. En Apocalipsis 13:5 vuelve a aparecer como 42 meses: contando 12 meses por año (12 x 3 1/2 = 42). También aparece el mismo período de tiempo en Apocalipsis 12:6, como 1260 días: contando 30 días al mes durante 42 meses (42 x 30 = 1260). El cuerno pequeño, el papado, reinaría sin restricción en Europa persiguiendo a los santos durante 1260 años literales.

El decreto de Justiniano del año 533 después de Cristo dio al papado poder ilimitado sobre todas las iglesias. Ese decreto se hizo efectivo el año 538 de nuestra era, al ser arrancado de raíz el último de los tres reinos que se oponía al papado (los ostrogodos). Por consiguiente, el punto de partida para los 1260 años de supremacía papal es el 538 de nuestra era (ver punto tercero, en la página 86).

Exactamente 1260 años más tarde, el papado perdió su poder temporal (político). El 20 de febrero de 1897, Berthier, general del ejército francés bajo Napoleón, tomó al papa prisionero en Roma, poniendo un final efectivo al poder temporal del papado en Europa. Después de ese tiempo no hubo persecución real a los santos en Europa. Quedaron en libertad para adorar a Dios.

Como la piedra partida, las únicas dos mitades que pueden encajar, lo hacen perfectamente. La profecía de Daniel y el testimonio de la historia concuerdan en identificar inequívocamente el poder representado por el "cuerno pequeño".

Reconocemos que el desarrollo del papado en la historia ha sido el despliegue del principio de la satisfacción / exaltación del yo (ver siguiente capítulo), que es un principio presente en la naturaleza de todo corazón humano. Todos estamos necesitados de un Salvador del pecado, ¡y gracias a Dios lo tenemos! Pero, aunque seamos humildes al reconocer esos hechos de la historia, hemos de confesar al mismo tiempo que la verdad de las profecías de Daniel se ha cumplido en la historia.

Daniel 7:26-28: *Pero se sentará el Juez y le quitarán su dominio para que sea destruido y arruinado hasta el fin, y que el reino, el dominio y la majestad de los reinos debajo de todo el cielo sean dados al pueblo de los santos del Altísimo, cuyo reino es reino eterno, y todos los dominios lo servirán y obedecerán.*

A Daniel se le permite divisar el final del tiempo, cuando el cuerno pequeño —junto a la bestia que lo sustenta— sea destruido al llegar a su final el pecado y los pecadores. Justo antes del fin, la herida mortal que sufrió el papado —en 1897— será sanada (ver Apocalipsis 13:3 y 14), y por un corto período de tiempo los habitantes de la tierra se maravillarán en pos de él (Apocalipsis 13:3) recuperando su carácter perseguidor. No obstante, el tribunal de juicio del cielo ha dictado sentencia contra él, y aunque pueda prosperar por un breve tiempo, su final es inexorable.

La visión que tanto interesó a Daniel nos interesa todavía más a nosotros en estos últimos días. Si no la comprendemos, nos encontraremos sirviendo al cuerno pequeño sin darnos cuenta, y de ese modo estaremos militando entre quienes se oponen a Cristo. El dominio espiritual del "cuerno pequeño" le está siendo quitado, para ser destruido definitivamente al final. Es nuestro privilegio saber hoy y aquí que ese poder ha perdido ya su dominio espiritual sobre nosotros. No solamente en el mundo que nos rodea, sino especialmente en nuestros propios corazones vemos ese poder anulado cuando seguimos por la fe a Cristo en su ministerio como nuestro gran Sumo Sacerdote en el santuario celestial.

Cuán animador es para el pueblo de Dios saber que se le va a dar el reino que le fue preparado desde la fundación del mundo. Los verdaderos adoradores de Dios pueden recordar esa promesa en todas sus pruebas y aflicciones.

Sus seguidores elegirán a Jesús para coronarlo como su REY DE REYES Y SEÑOR DE SEÑORES debido a que aquí, en esta tierra, en sus vidas diarias, lo han elegido continuamente, lo han coronado ya como a su Señor (Apocalipsis 19:16). La devoción hacia él quitará de nuestros corazones todo vestigio de temor (1 Juan 4:18).

Capítulo 8—Un Capítulo Central en la Biblia

Daniel 8:1-2*: En el año tercero del reinado del rey Belsasar, yo, Daniel, tuve una visión, después de aquella que había tenido antes. Miraba yo la visión, y en ella yo estaba en Susa, que es la capital del reino, en la provincia de Elam. En la visión, pues, me veía junto al río Ulai.*

El segundo capítulo de Daniel presentó al rey pagano la historia del mundo en una forma muy simple. El capítulo séptimo revela la historia en sus aspectos espirituales. El capítulo octavo entra en mayor detalle, revelando la verdad relativa al gran juicio, de la que tenemos sólo una vislumbre en el capítulo séptimo. Aquí es donde el cielo se encuentra con la tierra. ¿Qué está sucediendo detrás del telón?

Recordemos que el libro de Daniel fue escrito para nosotros que vivimos en el tiempo del fin (Daniel 12:4 y 9-10), y que por consiguiente la profecía de este capítulo nos concierne a quienes vivimos ahora, más bien que a quienes vivieron hace miles de años. Todo el relato de la Biblia gravita sobre los eventos que presenta este capítulo.

Daniel 8:3-4*: Alcé los ojos y miré, y había un carnero que estaba delante del río, y tenía dos cuernos; y aunque los cuernos eran altos, uno era más alto que el otro, y el más alto creció después. Vi que el carnero hería con los cuernos al poniente, al norte y al sur, y que ninguna bestia podía parar delante de él, ni había quien escapara de su poder. Hacía conforme a su voluntad, y se engrandecía.*

No fue difícil reconocer a quién representa el carnero, ya que Daniel ya había aprendido que Medo-Persia habría de conquistar Babilonia y gobernar el mundo. En el versículo 20 el ángel dice a Daniel: "En cuanto al carnero que viste, que tenía dos cuernos: estos son los reyes de Media y de Persia". Un cuerno más alto que el otro hace referencia al predominio de los persas sobre los medos (ver comentario sobre Daniel 7:5). En el culmen de su poder, los medo-persas gobernaron sobre ciento veintisiete provincias, desde India a Etiopía: la totalidad del mundo conocido por entonces (ver Ester 1:1).

Daniel 8:5*: Mientras yo consideraba esto, un macho cabrío venía del lado del poniente sobre la faz de toda la tierra, sin tocar tierra; y aquel macho cabrío tenía un cuerno notable entre sus ojos.*

¿A quién representa? La respuesta es categórica una vez más: "El macho cabrío es el rey de Grecia, y el cuerno grande que tenía entre sus ojos es el rey primero" (versículo 21). Teniendo sólo 20 años, Alejandro Magno heredó el trono de Grecia. Obligó rápidamente a las ciudades dispersas a formar un reino, entrenó a un ejército en la disciplina militar y se lanzó a guerras de conquista. Aunque su ejército era pequeño, había enseñado a sus soldados a desplazarse de forma rápida y eficaz, a maniobrar con astucia y a luchar con determinación. Habiendo conquistado toda Macedonia, al ambicioso y joven rey no le quedaba sino atacar a la gigante Medo- Persia, el "carnero que ... tenía dos cuernos". ¡Eso equivaldría a Cuba o Haití conquistando a todo Estados Unidos y Canadá!

Daniel 8:6-7*: Vino hasta el carnero de dos cuernos que yo había visto en la ribera del río y corrió contra él con la furia de su fuerza.*

Lo vi llegar junto al carnero; se levantó contra él y lo hirió, y le quebró sus dos cuernos; y el carnero no tenía fuerzas para hacerle frente. Lo derribó, por tanto, a tierra, lo pisoteó y no hubo quien librara de su poder al carnero.

Alejandro se enfrentó a los ejércitos de Persia el año 331 antes de Cristo, en la sangrienta batalla de Arbela, y los desbarató completamente. Fue milagroso que el pequeño ejército de Grecia pudiera derrotar a los enormes ejércitos persas, como leopardo que mata a un elefante exhausto. Los persas no podían luchar, simplemente perdieron la voluntad de lucha.

Daniel 8:8: *El macho cabrío creció en gran manera; pero cuando estaba en su mayor fuerza, aquel gran cuerno fue quebrado, y en su lugar salieron otros cuatro cuernos notables hacia los cuatro vientos del cielo.*

Apenas hubo conquistado Alejandro el mundo a la edad de 32 años, cuando "aquel gran cuerno fue quebrado". Dominador del mundo, fue incapaz de ejercer el dominio propio. Algún relato refiere que murió en una borrachera, susurrando que transfería su recién conquistado imperio "al más fuerte". En consecuencia, sus generales lucharon entre sí.

Exhaustos al fin, acordaron que el imperio se dividiera en cuatro partes: Lisímaco tomó el norte (Asia Menor), Casandro el oeste (Grecia), Seleuco el este (Siria) y Ptolomeo el sur (Egipto). Esos cuatro nuevos reinos corresponden a las cuatro cabezas del leopardo que describe el capítulo 7, versículo 6.

Daniel 8:9: *De uno de ellos salió un cuerno pequeño que creció mucho hacia el sur y el oriente, y hacia la tierra gloriosa.*

El lenguaje original da la idea de que ese nuevo poder surgió a partir de uno de los cuatro vientos del cielo (puntos cardinales). Los versículos precedentes son de fácil comprensión. De la misma forma en que la raíz sustenta al árbol, la historia sustenta la verdad de lo que enseña el resto de este capítulo.

De Persia se dijo que fue "grande", de Grecia, "muy grande"; y ahora ese poder que sobrepasó a los anteriores se califica de "extremadamente grande" (KJV; original: yeter gadal). Roma surgió como dominadora del mundo a partir de uno de los "cuatro vientos": el oeste. Roma conquistó Macedonia, tomando así uno de los cuatro "cuernos" de Grecia. Entonces Roma siguió su destino y se enfocó a la conquista del mundo. A partir del año 168 antes de Cristo, Roma fue reconocida como el nuevo imperio mundial.

No es posible identificar a ningún rey de Macedonia con el "cuerno pequeño", ya que ninguno de ellos fue "extremadamente grande". El mayor entre ellos, Antíoco Epífanes, fue forzado con rudeza por los romanos a abandonar Egipto. ¿Acaso no es el más fuerte el que expulsa al más débil que él? Por consiguiente, los romanos son los representados en aquel poder "extremadamente grande". Cada reino sucesivo fue más engrandecido que el precedente. Medo-Persia fue "grande" en poder; Grecia "muy grande", y el cuerno de Roma "extremadamente grande". Ese principio de la exaltación del yo o del engrandecimiento es una característica inherente a las naciones y pueblos de la tierra.

"Hacia la tierra gloriosa" sólo puede referirse a la tierra del pueblo de Dios: la de los judíos. Los romanos tomaron el control de Palestina con el consentimiento de los judíos, en el año 161 antes de Cristo.

Daniel 8:10-12: *Creció hasta llegar al ejército del cielo; y parte del ejército y de las estrellas echó por tierra, y las pisoteó.*

Aun se engrandeció frente al príncipe de los ejércitos; por él fue quitado el sacrificio continuo, y el lugar de su santuario fue echado por tierra. A causa de la prevaricación le fue entregado el ejército junto con el sacrificio continuo; echó por tierra la verdad e hizo cuanto quiso, y prosperó.

El profeta vio a la poderosa Roma sometiendo al pueblo de Dios y a sus dirigentes, las "estrellas". Los judíos repudiaron de forma final a Cristo, su verdadero y legítimo Rey, clamando en ocasión de su crucifixión: "¡No tenemos más rey que César!" (Juan 19:15). Eligieron someterse a los romanos para siempre.

El "Príncipe de los ejércitos" representa a Cristo. El ángel se refirió también a Cristo como al "Príncipe de los príncipes" (versículo 25). En Apocalipsis 19:16 a Jesús se le llama "Rey de reyes y Señor de señores". Así, Roma pagana no sólo conquistó a los judíos y a sus líderes, sino que dio muerte al verdadero y legítimo Rey, el Señor Jesucristo.

Respecto al significado del "sacrificio continuo", la palabra "sacrificio" no figura en el original hebreo. Los traductores añadieron la palabra "sacrificio" al suponer que el significado requería tal cosa. Señalaron el hecho de que esa palabra no consta en el original poniéndola en cursiva o entre paréntesis en algunas versiones. Para comprender el significado del texto hemos de leerlo en el original hebreo:

"Por él [cuerno pequeño] fue quitado el continuo, y el lugar de su santuario fue echado por tierra. Y le fue dada una hueste [ejército] contra el continuo en transgresión, y echó por tierra la verdad".

Es fácil ver el significado del texto cuando recordamos que Roma existió en dos fases diferentes. Hasta que el imperio cayó alrededor del año 476 después de Cristo, se trataba de Roma en su fase pagana (Daniel 7:8). Posteriormente volvió a emerger en su fase espiritual como una iglesia: el papado católico romano. Por consiguiente, el cuerno pequeño de Daniel 8 representa las dos fases sucesivas de Roma. Roma pagana surgió de uno de los "cuatro vientos del cielo". Roma papal surgió a partir de Roma pagana, y ambas coexistieron por un tiempo hasta que Roma papal prevaleció sobre Roma pagana, que entonces desapareció de la escena como poder político. Dios representa al papado simplemente como otra fase de Roma (el cuarto reino). El concepto es importante a fin de comprender la relación del mundo con Dios.

El "continuo" representa el principio de la exaltación de uno mismo, el engrandecimiento del yo propio de las antiguas naciones paganas y en realidad de toda la humanidad.

Si comparamos el texto precedente con las otras menciones del "continuo" en Daniel 11:31 y 12:11, vemos que Roma pagana (con su carácter de autoexaltación) está representada por la palabra "continuo", y Roma papal (con el mismo carácter de autoexaltación) está representada por la expresión "la abominación desoladora" o "prevaricación asoladora" de Daniel 8:13. Ambas fases, Roma pagana y Roma papal, son poderes desoladores. La autoexaltación del paganismo se describe como algo "continuo", pero la autoexaltación del papado se manifestó en una enemistad todavía más determinada en su lucha contra Dios: "la abominación desoladora" (Daniel 12:11).

El paganismo, si bien engañó a millones, al menos dejaba un doloroso vacío en los corazones humanos que permitía que muchos buscaran y recibieran con alegría la palabra de Dios. La doctrina de Roma papal resultaba "desoladora" incluso para el hambre que tiene el corazón humano por Dios, proveyendo en su lugar una falsa esperanza que le hace a uno sentirse tan satisfecho como para no sentir la necesidad de la palabra de Dios.

La religión cristiana de los apóstoles era tan atractiva y gratificante para la gente de la antigua Roma, que el paganismo temblaba y se desvanecía ante ella. Satanás sabía que la única forma de mantener engañado al mundo era mediante una religión que fuese cristiana en apariencia, que hiciese profesión de cristianismo, tomando así ventaja de algunos de los conceptos del cristianismo, pero siendo en esencia lo mismo que el antiguo paganismo desde el punto de vista espiritual. Ese principio que infectó tanto al paganismo como al papado se originó en el cielo con Lucifer, y ha infectado a la humanidad desde la caída de Adán. "Todos pecaron" (Romanos 3:23).

El plan de Satanás consistía en apartar de la pureza y sencillez del evangelio a la temprana iglesia del Nuevo Testamento mediante la introducción de supersticiones y filosofías paganas incorporadas al evangelio. El resultado fue la gran "apostasía" de la que habló el apóstol Pablo en 2 Tesalonicenses 2:3-4. Llegará finalmente a alcanzar una gravedad tal, que "se sienta en el templo de Dios como Dios, haciéndose pasar por Dios", usurpando el lugar de Cristo. Doctrinas tomadas de la antigua Babilonia y mezcladas con la enseñanza cristiana prepararían el camino para la exaltación mundanal del obispo de Roma hasta hacerse llamar papa.

Observa lo que dice un historiador moderno respecto al paganismo que sobrevive en la iglesia que profesa ser cristiana:

"Pocos disputan que la educación literaria fue denigrada en la Edad Madia. No obstante, hay otra característica de aquel período que a veces se pasa por alto y quizá se ignora. Mientras que los protestantes tradicionalmente han sostenido la idea de una iglesia sincretizada a fin de justificar su existencia, la investigación reciente ha demostrado que el paganismo de la antigüedad tardía no murió tras el siglo cuarto, sino que se adhirió a la iglesia, remodelándola. El propósito de este capítulo es examinar las razones que están detrás de la asimilación de elementos paganos por parte de la iglesia, con la consecuente caída de Europa en el oscurantismo … el paganismo mantuvo su carácter original [de autoexaltación], pero se lo gestionó de una nueva forma".

Cuando declinó el Imperio romano pagano, la sede de su gobernanza se trasladó de Roma a Constantinopla. De esa forma "el lugar de su santuario" o centro de adoración "fue echado por tierra". Apocalipsis 13:2 presenta esa misma transferencia: el dragón —Roma pagana— dio a la bestia —Roma papal— "su poder, trono [la ciudad de Roma] y gran autoridad".

El ejército que le fue entregado al cuerno pequeño (papado) contra el "continuo" —la continua exaltación de Roma pagana— (Daniel 8:12) se refiere a las hordas de tribus paganas, o bárbaros del norte y centro de Europa invadiendo Italia y Roma, y despiezando el Imperio precedente de Roma pagana. Esas tribus paganas pronto aceptaron nominalmente las doctrinas del papado, y fueron persuadidas a cambiar su antigua religión pagana por la profesión nominal del catolicismo romano tal como tantas personas hacen hoy al creer que ambas religiones son básicamente similares. Cuando aquellas gentes regresaron a sus lugares de origen en Europa central, emplearon la espada a fin de establecer allí la religión de Roma papal.

Pero su fe no era la genuina "fe de Jesús". Habían tomado la vestimenta exterior, pero su interior seguía albergando un corazón mundano. El principio básico del paganismo ha consistido siempre en lo que en hebreo se escribe gadal: un espíritu de satisfacción y exaltación del yo. Así, "a causa de la prevaricación" el cuerno pequeño —Roma papal— derrotó políticamente al paganismo en Europa, "echó por tierra" la sencilla verdad bíblica del cristianismo y pretendió usurpar el lugar de Cristo como cabeza de su iglesia. "Hizo cuanto quiso y prosperó". Siguió con el mismo espíritu de gadal —engrandecimiento o engreimiento— hasta que intentó usurpar el puesto del "Príncipe de los ejércitos": Cristo mismo.

Así, Roma papal absorbió y tomó para sí la doctrina y espíritu del paganismo mientras que la fuerza militar que trabajaba para ella quitó el poder político al paganismo. La sencilla verdad de la fe bíblica fue echada por tierra. El "cuerno pequeño" usurpó el lugar de Cristo como Cabeza de la iglesia, y a partir de entonces "hizo cuanto quiso y prosperó". No es de extrañar que Daniel exclamara: "Estuve enfermo algunos días ... estaba espantado a causa de la visión" (Daniel 8:27).

Llegamos a la parte de la visión de Daniel que más importancia tiene para nosotros hoy. ¿Por cuánto tiempo continuaría pisoteando la verdad de Dios ese poder desolador, y mantendría al mundo engañado? ¿Por cuánto tiempo continuará esa "prevaricación asoladora" que persigue y mata al pueblo de Dios? ¿No va a cesar nunca?

Y lo que aun es peor: en tiempos de Daniel parecía que el propio Dios de Israel hubiera sido vencido por el paganismo. A los antiguos les parecía natural suponer que la victoria de una nación en la guerra significaba que sus dioses eran supremos. Jeremías habla acerca de que Bel, el dios de

Babilonia, había "tragado" o "devoró" a Israel, y "llenó su vientre" con el pueblo de Dios, como si fuera un postre (Jeremías 51:34 y 44). La pregunta que hacía el pueblo de Dios era "¿Hasta cuándo" triunfaría aquella "prevaricación asoladora"? Algunos, como Daniel, estaban más preocupados por el honor de Dios que por su propia seguridad. Ese cambio de paradigma en la motivación va a caracterizar cada vez más al pueblo de Dios a medida que el fin se acerca.

Daniel encuentra la respuesta al oír la conversación entre dos ángeles. Estos dirigen la atención del profeta a los servicios simbólicos del santuario hebreo, que revela el significado de la historia del mundo y hace manifiesto el plan de Dios para la salvación.

Daniel 8:13-14: *Entonces oí hablar a un santo; y otro de los santos preguntó a aquel que hablaba: "¿Hasta cuándo durará la visión del sacrificio continuo, la prevaricación asoladora y la entrega del santuario y el ejército para ser pisoteados?". Y él dijo: "Hasta dos mil trescientas tardes y mañanas; luego el santuario será purificado".*

¡Buenas nuevas! El dominio del pecado va a llegar a su fin. La verdad que fue "echada por tierra" por tanto tiempo, será vindicada. Dios tiene un tiempo determinado en el que su verdad será justificada ante los ángeles y ante el mundo. Entonces en el juicio se pronunciará sentencia favorable a los justos y triunfará la causa de Dios.

Todo lo anterior está incluido en la expresión "el santuario será purificado", que es un mensaje de sorprendentes buenas nuevas. Cuando termine ese justo juicio, Satanás y toda su "prevaricación asoladora" llegará a su final.

Antes de considerar el tiempo ("dos mil trescientas tardes y mañanas") hemos de prestar atención al significado del santuario, y en qué consiste que sea "purificado".

¿Qué es el santuario?

Cuando Daniel escuchó a los ángeles hablar del "santuario", su mente fue inmediatamente al querido santuario hebreo de Jerusalén, que por aquel tiempo estaba quebrantado, desolado, "contaminado". En él se había practicado la verdadera adoración a Dios mediante figuras y sombras, algo así como cuando los niños se entretienen con juguetes didácticos que los preparan para la vida adulta. Dirigía aquellos servicios un "sumo sacerdote … escogido de entre los hombres" (Hebreos 5:1) que era una figura de Jesucristo, nuestro verdadero Sumo Sacerdote. Lo que hacía el sumo sacerdote en el santuario terrenal mediante ceremonias y figuras era enseñar a Israel el significado del plan de Dios de la salvación. El Hijo de Dios tendría que venir a la tierra, hacerse uno con la familia humana, vencer al pecado habiendo tomado sobre sí "semejanza de carne de pecado" (Romanos 8:3), recuperar el liderazgo de la raza humana que perdió el Adán caído, y salvar la humanidad.

De forma evidente, aquel santuario terrenal era sólo para un tiempo limitado. La ley ceremonial de Moisés relativa a los sacrificios tuvo su final en la cruz, cuando el auténtico Cordero de Dios fue sacrificado. El santuario terrenal era una ilustración didáctica, una imagen de la obra de Jesús como Salvador del mundo, una "sombra de los bienes venideros" (Hebreos 10:1). Sus servicios, dirigidos por el sumo sacerdote terrenal y sus sacerdotes asistentes, era solamente una "figura y sombra de las cosas celestiales" (Hebreos 8:5).

Atesoras la foto de tu ser querido mientras está ausente, pero cuando finalmente regresa dejas de contemplarlo en la foto, ya que lo puedes ver cara a cara. Así, cuando Jesús —el gran Sumo Sacerdote— vino en persona y murió por nosotros, la "figura y sombra", la ilustración del santuario hebreo dejó de ser necesaria. Como la sombra que termina cuando vemos a la luz el objeto que la proyectaba, así la "sombra" del santuario terrenal encontró su cumplimiento en la cruz. En aquella ocasión el velo del templo se rasgó de arriba hacia abajo, y el ministerio del santuario terrenal perdió su razón de ser (Mateo 27:51). Por esa razón no existe un templo o santuario terrenal como los que hubo en tiempo de Moisés o de Daniel. Tenemos algo muy superior: la realidad celestial que estaba representada en los santuarios en la tierra.

Cuando Jesús ascendió después de haber resucitado, inició su obra como Sumo Sacerdote en el "mejor" santuario (respecto al terrenal). Sus seguidores ya no se interesaron en el antiguo santuario de Jerusalén, sino que siguieron a Cristo por la fe cuando entró en el santuario arriba en el cielo. Podemos fácilmente entender que si Jesús —nuestro Sumo Sacerdote— "traspasó los cielos", el verdadero y eterno santuario ha de estar también en el cielo (Hebreos 4:14). Nada puede alterar o anular su ministerio allí, ya que él "permanece para siempre", está "viviendo siempre para interceder" por nosotros, y el suyo es un "sacerdocio inmutable" (Hebreos 7:24-25).

Así lo declara el Nuevo Testamento: "Tenemos tal sumo sacerdote, el cual se sentó a la diestra del trono de la Majestad en los cielos. Él es ministro del santuario y de aquel verdadero tabernáculo que levantó el Señor y no el hombre" (Hebreos 8:1-2). Nuestras mentes se dirigen al verdadero santuario en el cielo, del cual el terrenal era un modelo. "El primer tabernáculo … es un símbolo para el tiempo presente, según el cual se presentan ofrendas y sacrificios que no pueden hacer perfecto en su conciencia al que practica ese culto … Pero cuando Cristo apareció como Sumo Sacerdote de los bienes futuros a través de un mayor y más perfecto tabernáculo, no hecho con manos, es decir, no de esta creación…" (Hebreos 9:8-11, LBLA).

Por consiguiente, dado que la visión que se le dio a Daniel era para "el tiempo del fin" (Daniel 8:17 y 19), el santuario que va a ser purificado ha de ser el celestial, no el terrenal.

La Purificación Del Santuario

Había en el santuario terrenal un servicio anual de "purificación", que era una sombra o figura de la purificación del celestial. No se trataba de la obra de unos sirvientes limpiando el santuario de polvo, barro o sangre, como cuando se hace limpieza en una casa. Era una limpieza o purificación espiritual de los pecados del pueblo de Dios. "Según la Ley, casi todo es purificado con sangre; y sin derramamiento de sangre no hay remisión. Fue, pues, necesario que las figuras de las cosas celestiales fueran purificadas así; pero las cosas celestiales mismas, con mejores sacrificios que estos, porque no entró Cristo en el santuario hecho por los hombres, figura del verdadero, sino en el cielo mismo, para presentarse ahora por nosotros ante Dios" (Hebreos 9:22-24).

La suciedad o contaminación es lo que hace necesaria la purificación o limpieza de una casa común. Así, el pecado, el egoísmo de Israel, hacía necesaria esa limpieza o purificación cada año. El Dios de amor quiso enseñar a los israelitas cuán terrible y autodestructivo es el pecado. De hecho, todo el servicio del santuario les enseñaba a odiar el pecado y amar la justicia.

Vieron que nada podía lavar la mancha del pecado, excepto lo simbolizado en la sangre derramada de la víctima inocente que había de morir. El pecador había de tomar en sus propias manos el cuchillo y degollar al cordero. Cuando el cordero perdía la sangre y junto a ella la vida, el pecador recordaba que su pecado costaba la vida del verdadero Cordero de Dios. Sus ojos se llenaban de lágrimas al comprender el sufrimiento y la angustia que había traído al inocente Hijo de Dios. Entonces comenzaba a comprender qué es el pecado. Allí veía una "figura" o sombra del Calvario.

El sacerdote llevaba entonces parte de la sangre al santuario, y la asperjaba ante el velo como testimonio de que Alguien santo e inocente había muerto por el pecador. El sacerdote podía también comer parte de la carne de la ofrenda por el pecado, simbolizando que llevaba el pecado en su propio cuerpo: una "sombra" de Cristo, quien "llevó nuestros pecados en su cuerpo sobre el madero" (1 Pedro 2:24). Así, el registro del pecado era transferido simbólicamente del pecador al santuario. El pecador contemplaba la cruz de Cristo en el servicio del santuario y regresaba a casa con un nuevo corazón. Era realmente una nueva persona. Su pecado le había sido perdonado: le había sido quitado (Levítico 4:4-35; 10:16-18).

¿Qué sucedía con el registro de aquel pecado? Si bien el pecador era personalmente perdonado, la sangre seguía asperjada como testigo del pecado. Aquel sucio registro contaminaba ahora el santuario. En figura, simbólicamente, Dios había tomado sobre sí la culpabilidad. El pecador había sido perdonado, pero el santuario no había sido purificado o limpiado de su pecado. Se requería otro servicio para limpiar el santuario de todos los pecados de Israel. El nombre de Dios había de quedar limpio de la responsabilidad de aquel mal terrible.

Por otra parte, se había de demostrar que el corazón del pecador había quedado plenamente reconciliado con Dios. No es el propósito de Dios que el pecado perdure por siempre, por lo tanto, este capítulo es crucial para comprender la Biblia. El gran problema para Dios siempre ha tenido que ver con el pecado. Cuando nosotros, los pecadores, somos reconciliados con Dios por la sangre derramada en la cruz, compartimos también con Dios su gran deseo de que haya un final para el pecado. Nuestra motivación en este nuevo paradigma es la vindicación de Dios, no simplemente nuestra propia seguridad.

Una vez al año, en lo que se conocía como "día de expiación", los israelitas participaban en el servicio que les enseñaba acerca de un juicio final que purifica el santuario y vindica el nombre de Dios. El sumo sacerdote tomaba un macho cabrío para el Señor, lo sacrificaba y llevaba parte de su sangre al segundo departamento del santuario, que se conocía como el "lugar santísimo". Allí, ante el propiciatorio —la cubierta del arca— que representaba el trono de Dios, el sumo sacerdote asperjaba parte de la sangre como expiación final, a causa de todos los pecados de Israel que se habían ido acumulando en el santuario durante todo el año. La culpabilidad, el registro de aquellos pecados se debía purificar o limpiar para que el santuario quedase "purificado". Tiene que haber un final del pecado y del pecar, no simplemente un "perdón" superficial del pecado que siguiera cometiéndose indefinidamente, causando así una gran y eterna perturbación en el universo.

Una vez más, este capítulo es profundo en sus implicaciones para la salvación del mundo y la preservación del universo.

El sumo sacerdote llevaba él mismo —simbólicamente— aquellos pecados cuando salía del lugar santísimo, o segundo departamento del santuario. Entonces, tras haber escogido a un segundo macho cabrío: "Azazel", o macho cabrío por Satanás, colocaba su mano sobre la cabeza del animal, transfiriendo así la responsabilidad de todos aquellos pecados al macho cabrío expiatorio en representación de Satanás, quien fue el originador de todo pecado jamás cometido. Un hombre fuerte llevaba entonces al macho cabrío vivo al desierto a fin de que pereciera fuera del campamento, en representación del punto final al pecado por la eternidad. ¡Gracias a Dios!

Eso equivalía a echar sus pecados "a lo profundo del mar" (Miqueas 7:19), a alejar de los adoradores sus rebeliones "cuanto está lejos el oriente del occidente" (Salmo 103:12). Así era purificado el antiguo santuario terrenal.

Pero era sólo una ilustración o modelo, una figura.

Es obvio que "la sangre de los toros y de los machos cabríos" jamás puede quitar un solo pecado (Hebreos 10:4). Todo el servicio del día de la expiación se tenía que repetir cada año para enseñar al pueblo la obra real de la purificación del santuario celestial de los pecados del pueblo de Dios que tendría lugar al final del tiempo.

¡Cuántas veces hemos luchado y procurado vencer, para fallar vez tras vez! Y asciende al cielo diariamente el registro de más fracasos, de más pecados que contaminan el santuario del cielo. Parece triunfar Satanás, y lo mismo que Daniel, clamamos casi desesperadamente "¿Hasta cuándo?"

Pero aquí tenemos muy buenas nuevas: en los últimos días "el santuario será purificado" (Daniel 8:14). Una vez completada esa obra, Satanás habrá sido vencido para siempre y el pecado habrá perdido su dominio en el último reducto donde se le dio la bienvenida: los corazones del pueblo de Dios. Una vez expulsado de ellos tendrá un final definitivo, ya que no hay otro lugar en el universo donde el veneno del pecado pueda hallar alojamiento.

Incluida en esa obra de purificación del santuario está la obra de juicio. En el antiguo Israel, toda persona que no afligiera su alma en el día de la expiación sería "eliminada de su pueblo" (Levítico 23:29- 30). De igual forma, al final del mundo, quienes no hayan abandonado el pecado entregándolo al Cordero de Dios y recibiendo a cambio su perdón, no podrán compartir las bendiciones de la purificación del santuario celestial. Es un pensamiento solemne.

El ángel no dice ahora a Daniel cuándo comienzan los 2300 días, pero en el capítulo 9 regresará a explicarle precisamente esa parte de la visión. Como vimos en el capítulo precedente, en la profecía bíblica un día representa un año literal (Números 14:34; Ezequiel 4:6) tal como han comprendido los estudiosos de la Biblia desde hace siglos. Por consiguiente, la profecía está hablando de 2300 años literales. Eso nos lleva casi hasta el final del tiempo.

Daniel 8:15-16: *Aconteció que mientras yo, Daniel, consideraba la visión y procuraba comprenderla, se puso delante de mí uno con apariencia de hombre. Y oí una voz de hombre entre las riberas del Ulai, que gritó y dijo: "Gabriel, enseña a este la visión".*

Tal como Daniel se esforzó en conocer el significado de lo que se le reveló, nosotros que vivimos en los últimos días queremos comprenderlo. Ten hambre y sed de comprenderlo, y el Señor te lo enseñará.

Gabriel significa en hebreo "poder de Dios", o bien "hombre de Dios". Es el poderoso ángel que aparecería a la virgen María y a Zacarías (Lucas 1:19 y 26). El "hombre" que dio la orden a Gabriel de hacerle comprender la visión a Daniel, probablemente era el Arcángel Miguel, Cristo (Judas 9). En Daniel 7:13 se describe así a Cristo: "Uno como un Hijo de hombre".

Daniel 8:17-19*: Vino luego cerca de donde yo estaba. Y al venir, me asusté y me postré sobre mi rostro. Pero él me dijo: "Entiende, hijo de hombre, que la visión es para el tiempo del fin". Mientras él hablaba conmigo, caí dormido en tierra sobre mi rostro. Él me tocó y me hizo estar en pie. Y dijo: "Yo te enseñaré lo que ha de venir al fin de la ira; porque eso es para el tiempo del fin".*

La orden "entiende, hijo de hombre" es para ti que lees este libro, tanto como lo fue para Daniel. Esa orden es una promesa.

¿Qué significa la "ira"? Daniel comprendió que la cautividad de Israel en Babilonia durante setenta años es el principio de la "ira" de Dios. La infidelidad de Israel lo dejó a merced de reinos paganos crueles y malvados. Fua tan obstinado, que no hubo otra forma en que pudiera aprender. También el Israel espiritual de Dios del presente se expone con frecuencia a esa "ira". Cuando regrese Jesucristo, único que posee derecho al trono, Dios Padre le dará la diadema y la corona, y sólo él reinará sobre su pueblo. Entonces habrá terminado su "ira" (Ezequiel 21:25-27 y 31).

Daniel 8:20-23*: En cuanto al carnero que viste, que tenía dos cuernos: estos son los reyes de Media y de Persia. El macho* *cabrío es el rey de Grecia, y el cuerno grande que tenía entre sus ojos es el rey primero. En cuanto al cuerno que fue quebrado y sucedieron cuatro en su lugar, significa que cuatro reinos se levantarán de esa nación, aunque no con la fuerza de él. Al fin del reinado de estos, cuando los transgresores lleguen al colmo, se levantará un rey altivo de rostro y entendido en enigmas.*

Hemos visto que el reino que sucede a Grecia es Roma pagana. La expresión "entendido en enigmas" se refiere probablemente al lenguaje de los romanos, el latín, en el que se basan los lenguajes de muchos de los países europeos actuales.

Daniel 8:24-25: *Su poder se fortalecerá, mas no con fuerza propia; causará grandes ruinas, prosperará, actuará arbitrariamente y destruirá a los fuertes y al pueblo de los santos. Con su sagacidad hará prosperar el engaño en su mano; en su corazón se engrandecerá, y sin aviso destruirá a muchos. Se levantará contra el Príncipe de los príncipes, pero será quebrantado, aunque no por mano humana.*

Hay algo extraño en la forma en que Roma creció hasta alcanzar la supremacía mundial. Hizo sus conquistas con una facilidad tal, que da la impresión de que le estaba ayudando algún poder más que humano.

"Será quebrantado, aunque no por mano humana", se refiere a la destrucción final de Roma por aquella gran piedra "sin que la cortara mano alguna" que vimos en Daniel 2:34: la que pondrá fin a todos los reinos de esta tierra.

Daniel 8:26-27: La visión de las tardes y mañanas que se ha referido es verdadera; y tú guarda la visión, porque es para muchos días". Yo, Daniel, quedé quebrantado, y estuve enfermo algunos días. Cuando me levanté, atendí los negocios del rey; pero estaba espantado a causa de la visión, y no la entendía.

"La visión de las tardes y mañanas" se refiere a los "2300 días". Habiendo explicado el contenido de la visión con excepción de la parte de esta profecía de tiempo, ahora el ángel abandona temporalmente a Daniel. La visión había dejado a Daniel "quebrantado", "espantado".

Pero a Gabriel se le había dado el mandato de hacer entender la visión a Daniel, quien se encontraba ahora desfallecido y en una situación en la que no le era posible entender más. Podemos esperar que Gabriel regrese y complete lo que no fue posible entonces: lo relativo a los 2300 días. Y efectivamente, Gabriel regresa en el capítulo 9, donde encontraremos la explicación de los misteriosos 2300 años.

Capítulo 9—La Aritmética en el Evangelio

Daniel 9:1-3*: En el primer año de Darío hijo de Asuero, de la nación de los medos, que vino a ser rey sobre el reino de los caldeos, en el primer año de su reinado, yo, Daniel, miré atentamente en los libros el número de los años de que habló Jehová al profeta Jeremías, en los que habían de cumplirse las desolaciones de Jerusalén: setenta años. Volví mi rostro a Dios, el Señor, buscándolo en oración y ruego, en ayuno, ropas ásperas y ceniza.*

Medo-Persia domina ya el mundo. Daniel cree que está cerca el tiempo cuando los judíos van a recobrar su libertad para regresar a Jerusalén. Por más que sea profeta de Dios, estudia humildemente las profecías de Jeremías a fin de comprender lo que Dios ha dicho (Jeremías 25:11-12; 29:1 y 10). "Los espíritus de los profetas están sujetos a los profetas" (1 Corintios 14:32). ¡Ningún profeta puede enorgullecerse ignorando la Biblia!

El tiempo para la liberación definitiva del pueblo de Dios está precisamente ante nosotros. ¿Somos los Daniel de nuestro día? ¿Estamos estudiando ávidamente las Escrituras con oración, ruego y ayuno, procurando que Dios nos alumbre y nos guíe? Dios conducirá mediante su Palabra y mediante su Espíritu a quienes sigan el ejemplo de Daniel. Te llama a ti a ser uno de ellos.

Daniel 9:4-5*: Oré a Jehová, mi Dios, e hice confesión diciendo: "Ahora, Señor, Dios grande, digno de ser temido, que guardas el pacto y la misericordia con los que te aman y guardan tus* *mandamientos, hemos pecado, hemos cometido iniquidad, hemos actuado impíamente, hemos sido rebeldes y nos hemos apartado de tus mandamientos y de tus ordenanzas.*

También nosotros vivimos en una época en que parece que la iglesia de Cristo está frustrada y desconcertada en muchos sentidos, tal como era el caso de los judíos en su cautividad babilónica. No será de ninguna ayuda acusarnos unos a otros, "golpear" a nuestros consiervos (Mateo 24:48-50) en un espíritu de acusación y de buscar faltas. Mucho mejor proceder tal como hizo Daniel, quien a pesar de ser un hombre al que ni siquiera sus enemigos eran capaces de encontrar faltas, tomó los pecados de Israel sobre sí mismo, por así decirlo, y los confesó como siendo sus propios pecados. Clamó "hemos pecado", "hemos cometido iniquidad", "hemos actuado impíamente", "hemos sido rebeldes".

Se nos dice: "Sobrellevad los unos las cargas de los otros, y cumplid así la ley de Cristo" (Gálatas 6:2). Al tomar los pecados de su pueblo sobre sí mismo, Daniel estaba experimentando el arrepentimiento por los pecados de otros como si fueran los suyos propios, ¡y no es porque Daniel hubiera participado en la apostasía de ellos! Ese es el tipo de arrepentimiento que Jesús experimentó en nuestro beneficio. Cuando vino a Juan Bautista pidiéndole ser bautizado, Juan se resistía, pues sabía que Jesús estaba libre de pecado. Pero Jesús debió explicarle que él había venido como "el Cordero de Dios" que había de tomar sobre sí los pecados de toda la raza humana. "Al que no conoció pecado, [Dios Padre] por nosotros lo hizo pecado" (2 Corintios 5:21). El bautismo de Juan era un bautismo exclusivamente de arrepentimiento (Lucas 3:3). Ese arrepentimiento que Jesús experimentó en nuestro beneficio fue un arrepentimiento corporativo: arrepentimiento por los pecados de otros, poniéndose él en nuestro lugar. Tan pronto como comenzamos a confesar "nuestro" pecado tal como hizo Daniel, comprendiendo que el pecado de otros habría sido también el nuestro de no ser por la gracia de Cristo, el reavivamiento y el refrigerio del Espíritu Santo se extenderá en el pueblo de Dios. En el versículo 23 del capítulo 9 de Daniel notamos que "al principio" de sus ruegos fue enviado el ángel que le iba a ayudar. De igual forma, desde el comienzo de nuestra oración elevada con un corazón quebrantado y confesión humilde, recibiremos ayuda de lo alto.

Daniel 9:6-10: No hemos obedecido a tus siervos los profetas, que en tu nombre hablaron a nuestros reyes, a nuestros príncipes, a nuestros padres y a todo el pueblo de la tierra. Tuya es, Señor, la justicia, y nuestra la confusión de rostro que en el día de hoy lleva todo hombre de Judá, los habitantes de Jerusalén y todo Israel, los de cerca y los de lejos, en todas las tierras adonde los has echado a causa de su rebelión con que se rebelaron contra ti. Nuestra es, Jehová, la confusión de rostro, y de nuestros reyes, de nuestros príncipes y de nuestros padres, porque contra ti pecamos. De Jehová, nuestro Dios, es el tener misericordia y el perdonar, aunque contra él nos hemos rebelado y no obedecimos a la voz de Jehová, nuestro Dios, para andar en sus leyes que él puso delante de nosotros por medio de sus siervos los profetas.

Al Señor no le satisface una confesión de pecado vaga e inespecífica. No basta con decir "he pecado". El pecador debe concretar 'confieso que he pecado en tal cosa' (Levítico 5:5). Entonces puede comprender cabalmente la naturaleza de su pecado o rebelión, y se puede realmente arrepentir.

Daniel comprende la profundidad de la rebelión que ha arruinado a su pueblo. Confiesa particularmente cómo han rehusado prestar oído a los profetas que les advertían en el nombre del Señor.

El "espíritu de profecía" es el "testimonio de Jesús" (Apocalipsis 19:10). Rehusar o ser negligente en dar oído a los profetas equivale a despreciar la palabra de Jesús. La ruina que le sobrevino al antiguo Israel en los días de Daniel es como una columna de fuego que aún arde en el cielo. Es una advertencia permanente para cada uno de nosotros, y nos urge a escuchar y obedecer los mensajes de los verdaderos profetas de Dios. "Creed en Jehová vuestro Dios y estaréis seguros; creed a sus profetas y seréis prosperados" (2 Crónicas 20:20).

Daniel 9:11-14: *Todo Israel traspasó tu Ley, apartándose para no obedecer a tu voz. Por lo cual ha caído sobre nosotros la maldición y el juramento que está escrito en la ley de Moisés, siervo de Dios, porque contra Dios pecamos. Y él ha cumplido la palabra que habló contra nosotros y contra nuestros jefes que nos gobernaron, trayendo sobre nosotros tan gran mal; pues nunca fue hecho debajo del cielo nada semejante a lo que se ha hecho contra Jerusalén. Conforme está escrito en la ley de Moisés, todo este mal vino sobre nosotros; pero no hemos implorado el favor de Jehová nuestro Dios, y no nos hemos convertido de nuestras maldades ni entendido tu verdad. Por tanto, Jehová veló sobre el mal y lo trajo sobre nosotros; porque justo es Jehová nuestro Dios en todas sus obras que ha hecho, y nosotros no obedecimos a su voz.*

Cuán a menudo, cuando nos sobreviene la calamidad o el fracaso, nos inclinamos a dudar del amor y cuidado de Dios, de su fidelidad. Los que tienen facilidad para culpar a otros por sus problemas estarán igualmente inclinados a culpar a Dios.

Cuando alguien pasa de muerte a vida (1 Juan 3:14) dirige la mirada a su propio corazón y comprende su propio pecado, más bien que culpabilizar a algún otro. Son los que está espiritualmente ciegos quienes no pueden ver sus propias debilidades y pecado. Y los ciegos caen inevitablemente en el hoyo (Mateo 15:14). Qué bendito don tenemos en el Espíritu Santo, cuya primera labor es abrir nuestros ojos a nuestras propias faltas y pecados, de forma que podamos ser sanados (Juan 16:8).

Las calamidades acaecidas a Israel no llevaron a Daniel a dudar de la fidelidad de Dios, sino que reforzaron su fe en él. Él observó cómo el Señor "veló sobre el mal y lo trajo sobre nosotros" (Daniel 9:14). Si Dios es tan fiel para traer sobre su pueblo las maldiciones que les anunció a consecuencia de la infidelidad de ellos (ver Deuteronomio 28:15-68), no va a ser menos fiel en darles las bendiciones prometidas a condición de que le sean fieles. Hay más bendiciones en las maldiciones de Dios, que en las bendiciones humanas.

Daniel 9:15-19: *Ahora pues, Señor Dios nuestro que sacaste a tu pueblo de la tierra de Egipto con mano poderosa y te hiciste renombre cual lo tienes hoy, hemos pecado, hemos actuado impíamente. Señor, conforme a todos tus actos de justicia, apártese ahora tu ira y tu furor de sobre tu ciudad Jerusalén, tu santo monte; porque a causa de nuestros pecados y por la maldad de nuestros padres, Jerusalén y tu pueblo son el oprobio de todos los que nos rodean. Ahora pues, Dios nuestro, oye la oración y los ruegos de tu siervo, y haz que tu rostro resplandezca sobre tu santuario asolado por amor del Señor. Inclina, Dios mío, tu oído, y oye; abre tus ojos y mira nuestras desolaciones y la ciudad sobre la cual es invocado tu nombre; porque no elevamos nuestros ruegos ante ti confiados en nuestras justicias, sino en tus muchas misericordias. ¡Oye, Señor! ¡Señor, perdona! ¡Presta oído, Señor, y hazlo! No tardes, por* *amor de ti mismo, Dios mío, porque tu nombre es invocado sobre tu ciudad y sobre tu pueblo.*

Daniel invoca una razón que por ahora motiva las oraciones de muy pocos en el pueblo de Dios. No pide por su propio y egocéntrico beneficio personal, sino porque el nombre del Señor sea honrado y glorificado ante el mundo. Esa es la razón por la que Daniel ruega al Señor que tenga misericordia de Jerusalén. Moisés empleó el mismo argumento al interceder por Israel (Números 14:11-19). A medida que nos acercamos al fin, ese cambio de paradigma en la motivación impresionará cada vez más al pueblo de Dios.

Es evidente que Daniel piensa que la visión relativa al santuario (Daniel 8:14) se refiere a la restauración del servicio del antiguo santuario en Jerusalén al cabo de 2300 días literales. Pero ahora viene el ángel a instruirle claramente al efecto de que la visión es para el tiempo del fin, no para sus días.

Observa la preocupación que Daniel presenta al Señor a causa de estar "tu santuario asolado". La única parte de la visión del capítulo 8 que el ángel no pudo explicarle es la relativa a los 2300 días hasta que el santuario fuera purificado. ¿Puede el Señor dejar de responder a una oración humilde y ferviente como la suya? No, ciertamente. Las preguntas de Daniel pronto van a tener respuesta. Y recuerda bien esto: el Señor te ama a ti tanto como amó a Daniel. Él escucha también tus oraciones. El ángel está tan dispuesto a responderte a ti como a él.

Daniel 9:20-23: *Aún estaba hablando, orando y confesando mi pecado y el pecado de mi pueblo Israel, y derramaba mi ruego delante de Jehová mi Dios, por el monte santo de mi Dios; aún estaba hablando en oración, cuando el varón Gabriel, a quien* *había visto en la visión al principio, volando con presteza vino a mí como a la hora del sacrificio de la tarde. Me hizo entender y habló conmigo diciendo: "Daniel, ahora he salido para darte sabiduría y entendimiento. Al principio de tus ruegos fue dada la orden, y yo he venido para enseñártela, porque tú eres muy amado. Entiende, pues, la orden, y entiende la visión".*

¿Podemos albergar ahora alguna duda de que el Señor oye las oraciones? ¿Siente las necesidades de su hijo humilde? Tan pronto como la oración de Daniel comenzó a ascender al cielo, se dio al poderoso ángel la orden de que fuera "volando con presteza" a ayudarle. No existe la pereza en las "oficinas" del cielo. El más débil susurro del hijo de Dios que pide ayuda asciende inmediatamente al trono. Más rápido que un e-mail viene la respuesta "a semejanza de relámpagos" (Ezequiel 1:14). Amigo tembloroso, ¡ten fe en Dios!

¿Qué hizo que Daniel fuera "muy amado"? ¿Tiene Dios favoritos a quienes ama más que a otros? No, puesto que Cristo derramó su sangre por todos nosotros de igual manera. Nos ha redimido a todos. Si murió para salvar al mundo, ha dado el don de la salvación al mundo. Pero es un don que se debe recibir por la fe. Mediante su sacrificio en la cruz, el Hijo de Dios ha dado el don de la justificación a "todo hombre"; pero puedes hacer como Esaú, quien a pesar de tener la primogenitura la despreció y la vendió (Génesis 25:33-34; Hebreos 12:16-17). Pablo expresa claramente que lo que Cristo hizo por la humanidad fue más que hacerle una simple "oferta". Cinco veces en un texto corto afirma que Cristo nos dio el "don" gratuito de la justificación (Romanos 5:14-18).

Daniel creyó esas buenas nuevas y eligió responder positivamente. Para él, la justificación legal de Cristo a favor del mundo vino a ser su experiencia personal de la justificación por la fe. Eso lo hizo obediente. Lo que el ángel dice de Daniel, te lo dice también a ti. Además de afirmar "de tal manera amó Dios al mundo, que ha dado a su Hijo unigénito", puedes afirmar 'de tal manera me amó a mí, que me ha dado a su Hijo unigénito' por la eternidad.

¿Cuál es el asunto, cuál la visión que el ángel va a explicar a Daniel? Es una visión que Daniel ya ha recibido, puesto que el ángel le dice: "Entiende, pues, la orden [palabra], y entiende la visión". Ha de tratarse de la visión de Daniel 8, la parte que el ángel no pudo terminar de explicarle cuando Daniel desfalleció (Daniel 8:27). Todo se le había explicado claramente, excepto la extraña "orden" o palabra relativa a los dos mil trescientos días y el santuario siendo purificado (Daniel 8:14). Así, el ángel va a retomar ahora el asunto allí donde lo dejó en el capítulo 8, versículo 26.

Daniel 9:24: *Setenta semanas están determinadas sobre tu pueblo y sobre tu santa ciudad, para terminar la prevaricación, poner fin al pecado y expiar la iniquidad, para traer la justicia perdurable, sellar la visión y la profecía y ungir al Santo de los santos.*

La palabra "determinadas" significa "cortadas" en el hebreo bíblico. Por consiguiente, de los 2300 días son cortadas las "setenta semanas", que son concedidas a los judíos como su última oportunidad para el arrepentimiento como nación.

Cada semana contiene siete días, y setenta veces siete suman 490. En la profecía bíblica un día simboliza un año literal (Ezequiel 4:6; Números 14:34). Así, tenemos 490 años cortados de los 2300 años a modo de oportunidad especial para el pueblo de Daniel. "Semanas" es lo que claramente dicen los manuscritos hebreos, y la mayoría de los investigadores concuerdan en que se trata de años literales, confirmando así el principio de interpretación profética día-año.

Durante esos 490 años deben suceder algunas cosas extraordinarias:

(1) "Terminar la prevaricación" (pésha: transgresión).

(2) "Poner fin al pecado".

(3) "Expiar la iniquidad" (hacer reconciliación por la iniquidad).

Dios va a dar a su pueblo la oportunidad de llenar la copa de su iniquidad, llegando al colmo de miles de años de rebelión con su asesinato del Hijo de Dios. Pero su muerte no sólo completará su plena medida de transgresión o "prevaricación"; va a "poner fin al pecado", va a "expiar la iniquidad" y va a "traer la justicia perdurable". Y el santuario celestial, incluyendo su lugar santísimo, se va a "ungir" o consagrar, al ser inaugurado por el verdadero Sumo Sacerdote: Cristo mismo.

El deseo de toda verdadera mujer judía era ser madre del Mesías. En ocasión de cada nacimiento de un niño se reunían los familiares en la esperanza de que fuera el Salvador. Ahora, finalmente, al llegar "el cumplimiento del tiempo" (Gálatas 4:4) nacería el Mesías.

Tal como la luna refleja la luz del glorioso sol, los sacrificios de animales del templo judío reflejaban la gloria de la obra redentora de Cristo. Los sacrificios de animales eran sólo un símbolo o figura. Al final de los 490 años tenía que venir el Cordero de Dios. "Él [su sangre] es la propiciación por nuestros pecados, y no solamente por los nuestros, sino también por los de todo el mundo" (1 Juan 2:2). Su venida como Salvador trae verdaderamente "la justicia perdurable" a todo el que lo crea y reciba en su corazón.

¡Qué feliz debió sentirse Daniel al oír esas benditas palabras de esperanza! El evangelio está por fin alcanzando su objetivo. Tras interminables edades de tinieblas y de amargo pecado, el infeliz humano va a tener una mano tendida para sacarlo del pozo de su ruina. La razón por la que Jesús nos invitó especialmente a leer y entender lo "que habló el profeta Daniel" (Mateo 24:15), es porque allí hay información especial relativa al evangelio.

Daniel 9:25: Sabe, pues, y entiende que desde la salida de la orden para restaurar y edificar a Jerusalén hasta el Mesías Príncipe, habrá siete semanas y sesenta y dos semanas; se volverán a edificar la plaza y el muro en tiempos angustiosos.

Nos encontramos ante el evento que marca el inicio de ambos: los 490 años y los 2300 años: es "la orden para restaurar y edificar a Jerusalén" al final de la cautividad de los judíos en Babilonia. ¿Cuándo se decretó aquella orden? Gracias a Dios porque en su sabiduría el edicto ha quedado preservado para nosotros. Está en Esdras 7:11-26. El decreto da permiso pleno y completo para la restauración de la ciudad y los servicios del templo. Es el único decreto que cumple la profecía. La fecha en que se dio esa orden es el año 457 antes de Cristo.

Es maravilloso poder comprobar la exactitud del cumplimiento histórico de lo que profetizó el ángel. "Siete semanas" o 49 años fue el tiempo asignado a la reconstrucción de la ciudad y la muralla. Exactamente a tiempo, 49 años después, vienen los eventos descritos en el capítulo 13 de Nehemías: la reedificación de la ciudad y el muro, y la consagración del pueblo. Era el año 408 antes de Cristo.

Hasta la venida del "Mesías Príncipe" —Cristo— restarían sesenta y dos semanas (sesenta y nueve, sumando los dos períodos). Sesenta y nueve semanas de años son 483 años. Es decir, Cristo aparecería ante Israel como el Ungido —en su bautismo— exactamente 483 años después del edicto del año 457 (antes de Cristo) para redificar y restaurar Jerusalén. Eso es lo que el ángel reveló a Daniel.

Esos 483 años terminan el año 27 de la era cristiana. Lucas describe lo que sucedió aquel año: "Aconteció que cuando todo el pueblo se bautizaba, también Jesús fue bautizado y, mientras oraba, el cielo se abrió y descendió el Espíritu Santo sobre él en forma corporal, como paloma; y vino una voz del cielo que decía: Tú eres mi Hijo amado; en ti tengo complacencia" (Lucas 3:21-22).

Inmediatamente que comenzó su ministerio, Jesús predicó abiertamente: "el evangelio del reino de Dios. Decía: El tiempo se ha cumplido" (Marcos 1:14-15). ¡No hay duda de que estaba llamando la atención al prodigioso cumplimiento de aquella profecía de tiempo de Daniel 9:25! Había venido el tan largamente esperado Mesías. El pueblo lo habría conocido si sus pastores hubieran sido fieles en enseñárselo.

Daniel 9:26: *Después de las sesenta y dos semanas se quitará la vida al Mesías, mas no por sí; y el pueblo de un príncipe que ha de venir destruirá la ciudad y el santuario; y su fin será con inundación, y hasta el fin de la guerra durarán las devastaciones.*

Los judíos que tan gravemente pecaron antes de ser llevados cautivos a babilonia, y quienes habían rechazado y matado a los profetas antiguos, fueron superados en maldad por los judíos contemporáneos de Jesús, quienes cumplieron la predicción profética: "se quitará la vida al Mesías" al asesinar al Hijo de Dios cuando vino a salvarlos. "A lo suyo vino, pero los suyos no lo recibieron" (Juan 1:11). Cristo murió, "mas no por sí". Murió por otros. No cometió ningún pecado, que es la causa de la muerte. Hasta el pagano Pilato dijo de él: "Yo no hallo en él ningún delito" (Juan 18:38; 19:4 y 6). "Fue cortado de la tierra de los vivientes" por nuestro pecado (Isaías 53:8).

Gabriel anunció con precisión el tiempo en que el Mesías sería asesinado por el pueblo. Observa el siguiente versículo:

Daniel 9:27: *Y por otra semana confirmará el pacto con muchos; a la mitad de la semana hará cesar el sacrificio y la ofrenda. Después con la muchedumbre de las abominaciones vendrá el desolador, hasta que venga la consumación, y lo que está determinado se derrame sobre el desolador.*

Ya hemos considerado sesenta y nueve semanas de las setenta. Durante la última semana de siete años el propio Mesías y sus apóstoles se esforzarían una última vez para salvar a la nación judía. "A la mitad de la [última] semana" de siete años, Cristo iba a sr alzado en la cruz como el sacrificio por los pecados, haciendo "cesar el sacrificio y la ofrenda". En otras palabras: los servicios del santuario terrenal habrían llegado a su final (Hebreos 10:4-9).

La mitad de siete es tres y medio. El ministerio de Jesús se extendió exactamente por tres años y medio, al final de los cuales fue crucificado. Un estudio pormenorizado de los evangelios así lo confirma. Es clara la evidencia de que fue bautizado en otoño del año 27, y que fue crucificado en el tiempo de su cuarta celebración de la Pascua, que siempre era un evento de primavera. Hay evidencia confiable de que la crucifixión de nuestro Señor tuvo lugar en la primavera del año 31. Al cónsul romano Flavio Magno Aurelio Casiodoro

Senador se le atribuye este escrito: "En el consulado de Tiberio César Augusto V y Elio Sejano [año 31] nuestro Señor Jesucristo sufrió en el día ocho de abril [25 de marzo en nuestro calendario], en cuyo momento hubo un eclipse de sol como jamás lo hubo antes ni después".

Durante el resto de los siete días todavía había gracia para aquella nación judía de corazón endurecido. El Señor no los condenó porque crucificaran al Hijo de Dios. ¡Ellos mismos se condenaron al rehusar arrepentirse por ese pecado!

Durante los siguientes tres años y medio los apóstoles predicaron solamente a los judíos. El propio Jesús les ordenó: "Por camino de gentiles no vayáis, y en ciudad de samaritanos no entréis, sino id antes a las ovejas perdidas de la casa de Israel" (Mateo 10:5-6). Debían ser testigos de Cristo primeramente en Jerusalén y en toda Judea (Hechos 1:8), y solamente después en Samaria y hasta lo último de la tierra. Es así como en "otra semana" confirmaría "el pacto con muchos".

Tres años y medio después de la crucifixión —"a la mitad de la semana"— nos lleva al otoño del año 31. Entonces la nación judía rechazó final y completamente el llamado de gracia del Espíritu Santo al martirizar a Esteban (Hechos 7). No se daban cuenta de que lo que estaban haciendo era el cumplimiento de la profecía de Daniel. Sus 490 años de oportunidad se habían terminado ("cortado"). Habían despreciado hasta el colmo el llamado celestial de gracia. Así de amargo es el pecado del orgullo y la incredulidad. A partir de entonces vemos a los apóstoles dirigirse a los judíos en estos términos: "A vosotros, a la verdad, era necesario que se os hablara primero la palabra de Dios; pero puesto que la desecháis y no os juzgáis dignos de la vida eterna, nos volvemos a los gentiles" (Hechos 13:46).

Es maravillosa la obra que el Espíritu Santo ha hecho entre los "gentiles" desde aquel día. A todo "linaje, lengua, pueblo y nación" (Apocalipsis 5:9) le están siendo proclamadas las buenas nuevas de un Salvador que vino a "terminar la prevaricación, poner fin al pecado y expiar la iniquidad". Pero esa puerta de la gracia no va a permanecer abierta indefinidamente. Pronto se va a dar la última oportunidad a todos los habitantes de la tierra. Entonces tendrá lugar "una entera consumación", "su final llegará como una inundación" (Daniel 9:25-26).

Cuando Jesús fue crucificado, Dios abandonó aquel gran templo por siempre. Los judíos no prestaron atención, pero Jesús había sentenciado: "Vuestra casa os es dejada desierta" (Lucas 13:35). Una mano invisible rasgó de arriba abajo la cortina que separaba el lugar santo del santísimo (Mateo 23:38 y 27:51). Cesaron "el sacrificio y la ofrenda" al ser ofrecido una vez por siempre el Cordero de Dios como propiciación por los pecados del mundo entero, si bien los judíos incrédulos continuaron durante unos pocos años más las formas vacías de aquellos rituales. Finalmente, en el año 70 de nuestra era, "el pueblo de un príncipe que ha de venir" (Daniel 9:26), los soldados romanos, destruyeron completamente tanto la ciudad de Jerusalén como el espléndido templo cuyo final fue "como una inundación", "con devastaciones" y "desolador".

Hoy estamos viviendo en la última hora de nuestra oportunidad, en el ocaso de nuestro día. La obra de juicio representada por la expresión "purificación del santuario" pronto va a quedar completada para siempre. El Cordero de Dios, que ha venido a ser nuestro Sumo Sacerdote en su obra intercesora en el cielo, pronto va a ministrar su sangre para purificar y salvar a la última alma humana que crea y se arrepienta. La gracia del Señor espera aún un poco más, debido a que "es paciente para con nosotros, no queriendo que ninguno perezca, sino que todos procedan al arrepentimiento" (2 Pedro 3:9). ¿No te entregarás al Salvador mientras dura el tiempo? "Ahora es el tiempo aceptable, ahora es el día de salvación" (2 Corintios 6:2). La última página de la Biblia enfatiza la invitación: "El que quiera, tome gratuitamente del agua de la vida" (Apocalipsis 22:17).

Ningún ser humano, y tampoco los ángeles en el cielo, conoce el día o la hora cuando el Sumo Sacerdote va a terminar su labor como Salvador del pecado (Mateo 24:36). Cuando ese día haya llegado, la gente continuará en sus quehaceres cotidianos tal como fue el caso con los contemporáneos de Noé o los de Lot. "Como en los días antes del diluvio estaban comiendo y bebiendo, casándose y dando en casamiento, hasta el día en que Noé entró en el arca, y no entendieron hasta que vino el diluvio y se los llevó a todos, así será también la venida del Hijo del hombre" (Mateo 24:38-39). Mientras escribo estas líneas, mientras tú las lees, podría llegar esa hora solemne que fija nuestro destino eterno. ¿No oiremos la amonestación del Salvador? "Velad, pues, orando en todo tiempo que seáis tenidos por dignos de escapar de todas estas cosas que vendrán, y de estar en pie delante del Hijo del hombre" (Lucas 21:36).

Señor, grande es tu paciencia con nosotros. Tú no quieres que perezcamos. Queremos que tu Espíritu Santo nos lleve al arrepentimiento (2 Pedro 3:9). En nuestros oídos resuena el bullicio de comprar y vender, comer y beber, casarse y darse en casamiento, plantar y edificar (Lucas 17:27-28). Permítenos oírte llamando con silbo apacible a la puerta de nuestro corazón (Apocalipsis 3:20). Haz que podamos contemplar al Cordero de Dios que quita el pecado del mundo, que es nuestro pecado, el mío (Juan 1:29). Te lo pedimos en nombre de Jesús. Amén (que sea así).

Capítulo 10—¿Oraciones sin Respuesta?

Daniel 10:1: *En el tercer año de Ciro, rey de Persia, fue revelada palabra a Daniel, llamado Beltsasar. La palabra era verdadera y el conflicto grande, pero él comprendió la palabra y tuvo inteligencia en la visión.*

Llegamos ahora a la última visión de Daniel. A diferencia de las anteriores no fue dada en símbolos misteriosos sino en lenguaje directo. ¡El Señor quiere que la comprendamos! Aporta luz a las profecías de Daniel 2, 7 y 8.

Daniel 10:2-3: *En aquellos días yo, Daniel, estuve afligido por espacio de tres semanas. No comí manjar delicado, ni entró en mi boca carne ni vino, ni me ungí con perfume hasta que se cumplieron las tres semanas.*

Su voluntad de ayunar por tres semanas demuestra el vivo interés de Daniel por luz y comprensión. Probablemente habría prolongado su ayuno de no ser por la venida del ángel en respuesta a su plegaria.

Lo anterior no implica necesariamente que se abstuviera completamente de comida, ya que Dios no quiere que sus hijos se autolesionen. El ayuno no es un ejercicio para despertar a Dios, para llamar su atención o lograr su simpatía. El sufrimiento autoinfligido no nos hace ningún bien. Daniel ingería el alimento suficiente para mantener su salud y su vida durante aquellas tres semanas. Abstenerse de "pan delicado", "carne" y "vino" significa que Daniel evitó alimentos pesados, así como el tipo de sobrealimentación que nubla el cuerpo, la mente y el sistema nervioso.

Hay muchos que comen tanto en cantidad, frecuencia y variedad, que sus mentes están aturdidas o bloqueadas. Las verdades espirituales no hacen impresión en ellos. Jesús nos advirtió respecto al peligro de comer en demasía, o bien el tipo inadecuado de comida en estos últimos días (Lucas 21:34). Mediante ese ayuno Daniel se puso en las mejores condiciones físicas para tener una mente clara, capaz de comprender lo que el Señor le iba a enseñar.

Daniel 10:4-10*: El día veinticuatro del primer mes estaba yo a la orilla del gran río Hidekel. Alcé mis ojos y miré, y vi un varón vestido de lino y ceñida su cintura con oro de Ufaz. Su cuerpo era como de berilo, su rostro parecía un relámpago, sus ojos como antorchas de fuego, sus brazos y sus pies como de color de bronce bruñido, y el sonido de sus palabras como el estruendo de una multitud. Sólo yo, Daniel, vi aquella visión. No la vieron los hombres que estaban conmigo, sino que se apoderó de ellos un gran temor y huyeron y se escondieron. Quedé, pues, yo solo ante esta gran visión, pero no quedaron fuerzas en mí, antes bien, mis fuerzas se cambiaron en desfallecimiento, pues me abandonaron totalmente. Pero oí el sonido de sus palabras; y al oír el sonido de sus palabras caí sobre mi rostro en un profundo sueño, con mi rostro en tierra. Y una mano me tocó e hizo que me pusiera sobre mis rodillas y sobre las palmas de mis manos.*

Daniel sintió aquí la gloriosa presencia del Hijo de Dios, el mismo Ser que al apóstol Juan vio en visión en Apocalipsis 1:14-16. La gloria de Cristo fue excesiva para los acompañantes de Daniel, quienes corrieron a esconderse. Aquello que habría significado muerte para quienes acariciaban el pecado en sus corazones, significó vida para quien había confesado humildemente sus pecados y suplicado el perdón.

La voz de Dios es atronadora para quien alberga pecado en su corazón, tal como lo fue para los judíos cuando los griegos vinieron a Cristo (Juan 12:28-30). Para quien sigue la verdad, la voz de Dios es clara "como el estruendo de una multitud".

El ángel Gabriel vino entonces y tocó a Daniel para hacer que se levantara. En aquel toque había fortaleza. Así también, quienes moran en Cristo fortalecerán a todos los que "toquen" en su actividad diaria.

Daniel 10:11-12: *Me dijo: Daniel, varón muy amado, está atento a las palabras que he de decirte y ponte en pie, porque a ti he sido enviado ahora. Mientras hablaba esto conmigo, me puse en pie temblando. Entonces me dijo: Daniel, no temas, porque desde el primer día que dispusiste tu corazón a entender y a humillarte en la presencia de tu Dios, fueron oídas tus palabras; y a causa de tus palabras yo he venido.*

La Biblia no enseña jamás que debamos adorar a los ángeles. No existe tal cosa como "muchos dioses". Cuando el apóstol Juan se sintió abrumado e intentó inclinarse ante el ángel para adorarlo, el ángel se lo prohibió estrictamente: "¡Mira, no lo hagas! Yo soy consiervo tuyo y de tus hermanos que retienen el testimonio de Jesús. ¡Adora a Dios!" (Apocalipsis 19:10).

No hay mayor honor que pueda recibir un hombre, que el que fue dado a Daniel. Considera: el ángel le dijo que era un "varón muy amado" por Dios y por los habitantes del cielo.

La humildad de Daniel, su arrepentimiento, su amor abnegado hacia su pueblo, su deseo vehemente de conocer las cosas del cielo y su perseverancia en buscar la reconciliación con Dios le habían ganado la simpatía y el tierno amor de los seres celestiales. Ese amor es para los que menos dignos se sienten de él.

El ángel dijo amablemente a Daniel: "No temas". Los ángeles de Dios no son espíritus malignos que procuran hacernos daño o que buscan la oportunidad para acusarnos. No son egoístas, no procuran nuestros sobornos ni nuestros dones a cambio de hacernos favores como protegernos, tal como las personas supersticiosas suelen pensar de los "espíritus". Los ángeles del cielo nos aman, y buscan nuestro bienestar y felicidad. "¿No son todos espíritus ministradores, enviados para servicio a favor de los que serán herederos de la salvación?" (Hebreos 1:14).

A todo creyente, incluido el niño que confía en Cristo, le es dado un ángel especial para que lo cuide y guarde de todo mal (Mateo 18:10-11). Nada puede separarnos del cuidado vigilante y amoroso de esos ángeles en todo momento del día o de la noche, excepto el pecado al que deliberadamente pudiéramos escoger aferrarnos. Si no es así ni un cabello nuestro puede perecer (Mateo 10:30; Lucas 21:18).

Observa que su oración fue oída desde el primer día en que Daniel se dispuso a ayunar y orar, y el ángel recibió entonces la orden de acudir en su ayuda. ¿Por qué debió entonces Daniel esperar tres semanas antes de recibir respuesta? ¿Tenemos experiencias similares a esa, habiendo esperado por largo tiempo respuesta a nuestras oraciones? Si Daniel, quien era "muy amado" tuvo que aguardar tantos días, seguramente nosotros no debiéramos impacientarnos. Veamos por qué Daniel tuvo que esperar todo ese tiempo. Hay aquí algo que nos va a revelar secretos escondidos tras nuestras oraciones. El ángel nos permite ver tras la cortina que separa el cielo de nuestra vista:

Daniel 10:13-14*: Mas el príncipe del reino de Persia se me opuso durante veintiún días; pero Miguel, uno de los principales príncipes, vino para ayudarme, y quedé allí con los reyes de Persia. He venido para hacerte saber lo que ha de sucederle a tu pueblo en los últimos días, porque la visión es para esos días.*

La demora no se debe al ángel, quien es enviado inmediatamente para auxiliar a Daniel. Se debe al príncipe de Persia, quien no es adorador de Dios. Dios no le va a forzar la voluntad, lo que sería contrario a la forma en que Dios trata con los hombres. Así, surge una lucha en el palacio del rey de Persia. Probablemente está allí el propio Satanás luchando contra los esfuerzos del ángel Gabriel para volver el corazón del rey hacia el pueblo de Dios. Pasa un día tras otro. Daniel continúa orando sin saber nada acerca de aquel conflicto que se desarrolla detrás del telón. Podría haber sido tentado a pensar que Dios no escuchaba su oración, como nos sucede a nosotros frecuentemente en relación con nuestras oraciones aparentemente no respondidas.

En ese punto "Miguel", el más poderoso de los ángeles, va en ayuda de Gabriel. El rey de Persia deja de resistir la influencia divina. Se gana la batalla y Gabriel viene ahora a Daniel para hablarle sobre ella. Tú y yo podemos no saber acerca de las luchas secretas generadas por una oración nuestra, pero no lo dudemos: ¡nuestras oraciones están siendo contestadas!

Los ángeles son también visitadores habituales en los concilios de los gobiernos de las naciones modernas hasta el día fatal en que rechacen de forma final la verdad de Dios. El "vigilante santo" (Daniel 4:13 y 23) es un testigo permanente en las asambleas de los gobernantes. Toda ley justa y equitativa que promueva la libertad y la verdadera prosperidad es el resultado de una influencia ejercida por los ángeles del cielo.

"Miguel" significa "el que es como Dios". Judas declara que es el "arcángel", el comandante de los ángeles (versículo 9). Gabriel se refiere a él como "uno de los principales" entre los ángeles, o el primero de ellos. De la lectura de 1 Tesalonicenses 4:16 aprendemos que los muertos resucitarán de sus tumbas por la voz del "arcángel". Juan 5:25 afirma que es "la voz del Hijo de Dios" la que los llama de sus sepulcros. Por lo tanto, es claro que el "arcángel" es en realidad el Hijo de Dios (ver también Daniel 12:1).

Daniel 10:15-21: *Mientras me decía estas palabras, yo tenía los ojos puestos en tierra y había enmudecido. Pero uno con semejanza de hijo de hombre tocó mis labios. Entonces abrí la boca y hablé, y dije al que estaba delante de mí: "Señor mío, con la visión me han sobrevenido dolores y no me quedan fuerzas. ¿Cómo, pues, podrá el siervo de mi señor hablar con mi señor? Porque al instante me faltaron las fuerzas, y no me quedó aliento". Aquel que tenía semejanza de hombre me tocó otra vez, me fortaleció y me dijo: "Muy amado, no temas; la paz sea contigo; esfuérzate y cobra aliento". Mientras él me hablaba, recobré las fuerzas y dije: "Hable mi señor, porque me has fortalecido". Él me dijo: "¿Sabes por qué he venido a ti? Ahora tengo que volver para pelear contra el príncipe de Persia; al terminar con él, el príncipe de Grecia vendrá. Pero yo te declararé lo que está escrito en el libro de la verdad: nadie me ayuda contra ellos, sino Miguel vuestro príncipe.*

Una vez más el ángel le dirige palabras mayores que las estatuas que el mundo dedica a sus héroes: "Muy amado". Dios te ama, ¿por qué tienes temor? Lo que nos hace débiles es la sensación de culpa por nuestros pecados. También nosotros somos fortalecidos al ser lavados en la sangre de Jesús, y se nos libra del temor.

Después de haber explicado a Daniel lo que necesitaba entender, Gabriel tendrá que volver a contender con el príncipe de Persia hasta que llegue el reino de Grecia. El mensaje que trae a Daniel es un secreto. Nadie lo conoce, excepto "Miguel vuestro príncipe", que es Cristo el Salvador; también Dios el Padre, Gabriel y el pobre Daniel, pero ¡qué gloriosa cadena de revelación! El secreto pasa de Dios el Padre al profeta, y por lo tanto a nosotros.

Capítulo 11—Justo Antes del Fin

Daniel 11:1-2*: También yo en el primer año de Darío, el medo, estuve para animarlo y fortalecerlo. Ahora yo te mostraré la verdad. Aún habrá tres reyes en Persia, y el cuarto se hará de grandes riquezas más que todos ellos. Este, al hacerse fuerte con sus riquezas, levantará a todos contra el reino de Grecia.*

En este capítulo no hay símbolos o figuras que descifrar. El ángel comunica a Daniel las noticias o eventos que van a acontecer en la historia del mundo, expresándose de la forma simple en que un humano explica algo a otro.

El ángel Gabriel ayudó el rey Darío en su reino: "Como aguas que se reparten es el corazón del rey en la mano de Jehová: él lo inclina hacia todo lo que quiere" (Proverbios 21:1). El Señor envía hoy a sus ángeles en ayuda de los gobernantes del mundo que se esfuerzan en preservar la paz, de forma que la obra de Dios pueda progresar sin impedimentos.

Los tres reyes que habría todavía en Persia fueron Cambises (hijo de Ciro), Esmerdis y Darío Histaspes. El cuarto fue Jerjes, más rico que los tres anteriores. Él fue quien declaró una guerra insensata al valeroso reino de Grecia.

Daniel 11:3-4*: Se levantará luego un rey valiente, que dominará con gran poder y hará su voluntad. Pero cuando se haya levantado, su reino será quebrantado y repartido hacia los cuatro vientos del cielo; pero no será para sus descendientes, ni según el dominio con que él dominó, porque su reino quedará deshecho y será para otros aparte de ellos.*

Alejandro dominó "con gran poder" e hizo "su voluntad". Pero la voluntad humana siempre termina en quebranto (Isaías 57:17). La voluntad de Alejandro tuvo que ver con el alcoholismo. Murió inesperadamente el año 323 antes de Cristo, legando el reino de Grecia a quienes habrían de luchar por él. Su hijo, uno de sus "descendientes", no recibió la corona. En poco tiempo toda su familia había sido asesinada. ¿De qué valieron sus riquezas y gloria?

De aquellas guerras y de aquellos escombros surgieron cuatro reinos liderados por Casandro, Lisímaco, Seleuco y Ptolomeo. Dos de ellos, el rey del territorio norte de Palestina (Seleuco) y el del territorio sur de Palestina (Ptolomeo) vinieron a ser los reyes importantes en este drama. Esa designación geográfica al principio de la visión parece definir en todo el capítulo la identidad de los reyes del "norte" y del "sur" si nos atenemos a la "ley de la primera mención".

Daniel 11:5-6: *El rey del sur se hará fuerte, pero uno de sus príncipes será más fuerte que él, se hará poderoso y su dominio será grande. Al cabo de unos años harán alianza, y la hija del rey del sur vendrá al rey del norte para hacer la paz. Pero ella no podrá retener la fuerza de su brazo, y ni él ni su brazo permanecerán; porque ella será entregada a la muerte, y también los que la habían traído, y su hijo y los que estaban de parte de ella en aquel tiempo.*

Casandro y Lisímaco reinaron al principio sobre el oeste y el norte, pero cayeron ante Seleuco, quien vino entonces a ser el "rey del norte". Mientras tanto a Ptolomeo de Egipto se lo conoce como al "rey del sur". Esos dos reinos guerrearon entre sí por siglos, y vuelven a aparecer al final del capítulo.

La única forma en que podemos comprender razonablemente el capítulo es identificando al "rey del norte" con el poder que gobierna u ocupa el territorio que fue la zona norte del reino de Alejandro, y el "rey del sur" el de la parte sur del reino de Alejandro. Pueden cambiar las dinastías y las familias, los reyes y los gobernantes; los poderes políticos pueden ser remplazados por otros, pueden correr los siglos, pero los territorios permanecen.

Ptolomeo Filadelfo de Egipto —el "rey del sur"— hizo un acuerdo con Antíoco Teo de Siria —el "rey del norte"— según el cual le daba a su hija Berenice en matrimonio bajo condición de que Antíoco renunciara a su matrimonio anterior con Laodicea. El fin buscado era unir las dos familias reales que guerreaban entre ellas.

Pero parece evidente que Dios nunca bendice el adulterio. "Ella no podrá retener la fuerza de su brazo" (Daniel 11:6). Fracasó aquella treta para cimentar su amistad. Laodicea envenenó a su marido. La propia Berenice fue asesinada, así como "los que la habían traído" con ella (incluido su hijo). ¿Es esa la única unión adúltera que termina en desastre?

Daniel 11:7-9*: Pero un renuevo de sus raíces se levantará sobre su trono, vendrá con un ejército contra el rey del norte, entrará en la fortaleza y hará con ellos a su arbitrio, y predominará. Y aun a los dioses de ellos, sus imágenes fundidas y sus objetos preciosos de plata y de oro, llevará cautivos a Egipto; y durante años se mantendrá él alejado del rey del norte. Así entrará en el reino el rey del sur, y volverá a su tierra.*

El "renuevo de sus raíces" fue su hermano, Ptolomeo Evergetes. Inmediatamente después de llegar al trono dirigió su ejército al territorio del norte para vengar el asesinato de su hermana, aplastó a sus enemigos y saqueó los bienes de sus cautivos llevando los despojos a Egipto. La mención de "Egipto" nos indica que debemos entender ese país como siendo el "rey del sur". Queda también confirmada por analogía la identidad del "rey del norte".

Daniel 11:10-11: *Pero los hijos de aquel se airarán y reunirán multitud de grandes ejércitos. Vendrá uno apresuradamente, inundará y pasará adelante; luego volverá y llevará la guerra hasta su fortaleza. Por eso se enfurecerá el rey del sur, y saldrá y peleará contra el rey del norte; este pondrá en campaña una gran multitud, pero toda esa multitud será entregada en manos de aquel.*

El mundo estaba dominado por el odio y la venganza. El hijo de Seleuco decidió vengar la conquista del reino de su padre, y se pertrechó para invadir Egipto a la vez que reconquistaba el reino de su padre.

Naturalmente, ese nuevo ataque enfureció a Ptolomeo Filopator de Egipto, quien le presentó batalla. Una vez más Egipto emergió victorioso en la batalla de Rafia, el año 217 antes de Cristo.

Daniel 11:12-13: *Al llevarse él la multitud se elevará su corazón y derribará a muchos millares, pero no prevalecerá. El rey del norte volverá a poner en campaña una multitud mayor que la primera, y al cabo de algunos años vendrá rápidamente, con un gran ejército y muchas riquezas.*

Ptolomeo, no conociendo a Dios y no discerniendo el orgullo de su propio corazón, se glorió de su victoria. "El que piensa estar firme, mire que no caiga" (1 Corintios 10:12). Había aplastado ejércitos poderosos, pero a su vez fue aplastado por sus propios deseos y pasiones. Asqueados de su gobernante vergonzantemente lascivo, sus propios súbditos se volvieron contra él. Inició una persecución despiadada hacia los judíos.

Murió autodestruido, dejando en el trono a su hijo Ptolomeo Epífanes, todavía un niño.

Al "rey del norte" se le unió "una multitud", "un gran ejército" que incluía al rey Felipe de Macedonia. Este propuso dividir el reino de Egipto entre otros reyes. Llegan a su fin los días de gloria de Egipto.

Daniel 11:14-16: *En aquellos tiempos se levantarán muchos contra el rey del sur. Hombres turbulentos de tu pueblo se levantarán, para que se cumpla la visión, pero caerán. Vendrá, pues, el rey del norte, levantará baluartes y tomará la ciudad fuerte; y las fuerzas del sur no podrán sostenerse, ni sus tropas escogidas, porque no habrá fuerzas para resistir. El que vendrá contra él hará su propia voluntad, y no habrá quien se le pueda enfrentar; y permanecerá en la tierra gloriosa, que será consumida bajo su poder.*

"Hombres turbulentos de tu pueblo" en hebreo significa "agresores" u "opresores de tu pueblo" (del pueblo judío). La "visión" que se había de cumplir es en hebreo hazon, que nos retrotrae a la visión de Daniel relativa al "cuerno pequeño" (Daniel 8:9-12). Fue en ese mismo tiempo cuando los romanos comenzaron a exaltarse con miras a convertirse en un imperio mundial. Pero el ángel anima al pueblo de Dios. Es como si les dijera: 'No desmayéis, llegará el tiempo en que "caerán". Ved cuál será el final de todos los que se oponen a la verdad de Dios: no prosperarán para siempre'.

Por aquel tiempo Egipto estaba bajo la protección de los romanos. Antíoco, el "rey del norte", ayudado por Felipe de Macedonia, había decidido arrebatar todo el territorio de Egipto a Ptolomeo, el rey niño. Los romanos le advirtieron de que dejara a Egipto en paz, pero rehusó escucharlos. Invadió Palestina e inició las hostilidades contra las posiciones de

Egipto en Asia Menor. Los romanos le advirtieron de nuevo una segunda y tercera vez, conminándole a que desistiera, pero él se lanzó a su guerra de conquista. Hasta las bien fortificadas ciudades de Gaza y Sidón (la ciudad "fuerte") acabaron por sucumbir a su poder. Cuando el propio Antíoco invadió Grecia el año 197 antes de Cristo, los romanos se sintieron finalmente compelidos a atacarlo, y lo vencieron en Magnesia. Antíoco huyó a Siria como perro con el rabo entre las piernas, y los romanos lo forzaron a aceptar los términos humillantes de su rendición.

De esa forma los romanos pasaron a ser el nuevo poder "que vendrá contra él" y que "hará su propia voluntad". Los romanos entraron "en la tierra gloriosa" de Palestina el año 161 antes de Cristo, conquistándola en el año 63.

Roma fue aumentando su poder de año en año. Ya había conquistado Macedonia y Tracia, Siria y Judea. Por entonces todo cuanto queda del orgulloso reino de Alejandro es "el rey del sur": Egipto. Pero Roma habrá de conquistarlo también.

Daniel 11:17: *Afirmará luego su rostro para venir con el poder de todo su reino. Hará convenios con aquel, y le dará una hija por mujer, para destruirlo; pero no permanecerá ni tendrá éxito.*

Una bella mujer, Cleopatra, la "hija [que le daría] por mujer", jugó un importante papel en la entrega de Egipto a Roma. Su padre había sido rey de Egipto. Antes de morir (el año 51 antes de Cristo), decretó que la corona de Egipto y su gobernador se había de dar a su hijo e hija conjuntamente, quienes debían compartirlo. Especificó también que hasta que los dos no hubieran alcanzado la edad para gobernar debían estar bajo la supervisión de los romanos.

Pero pronto empezaron a pelearse entre ellos. El mayor, Ptolomeo, había privado a su hermana Cleopatra de sus derechos. Julio César, el cónsul romano, pidió que ambos comparecieran ante él a fin de decidir cuál de los dos sería favorecido en el juicio. Cleopatra, que ahora ya era una mujer joven, había oído que aquel César era un hombre licencioso, y decidió ganar su favor apelando a las pasiones carnales de este.

Se empaquetó ella misma en una gran maleta que envió al apartamento del cónsul romano a modo de "regalo" para César. Se entregó el paquete conteniendo aquella joven atractiva al apartamento privado del César. Al abrirlo apareció Cleopatra vestida de forma seductora, dispuesta a fascinar con sus encantos al gobernador de Roma y lograr que pronunciara juicio en su favor. A César le gustó la acción, y el plan de Cleopatra prosperó. En la guerra que siguió se dio muerte a Ptolomeo, y César conquistó Egipto. "Mas no estará ni será por él" (Daniel 11:17, RV 1909). La caprichosa Cleopatra pronto se juntó con el enemigo de César, Antonio, y empleó todo su poder contra Roma.

Daniel 11:18-19: Volverá después su rostro a las costas, y tomará muchas; pero un príncipe le hará cesar en su afrenta, y aun hará volver sobre él su oprobio. Luego volverá su rostro a las fortalezas de su tierra; pero tropezará y caerá, y no será hallado.

Los hechos importantes en estos versículos son que César participaría en otra guerra, tras la cual "su oprobio" volvería sobre él. Tendría que volver "su rostro a las fortalezas de su tierra" —la ciudad de Roma—, y allí "tropezará y caerá".

El año 47 antes de Cristo, César entró triunfalmente en Roma, donde recibió una lluvia de regalos y honores, incluido el título de dictador vitalicio. Hasta entonces Roma había sido una república. Los enemigos de César temían ahora que se hiciera rey o emperador, cambiando la forma ancestral de gobierno romano. En marzo del año 44 antes de Cristo, cuando menos lo esperaba César, se cumplió "tropezará y caerá", siendo asesinado en la casa del senado por los que habían sido sus propios amigos. "¿De qué le aprovechará al hombre ganar todo el mundo si pierde su alma?" (Marcos 8:36). Así terminó la vida de otro de los más exitosos y poderosos hombres de guerra.

El cielo estaba vigilante, ya que se acercaba el nacimiento del Hijo de Dios.

Daniel 11:20: *En su lugar se levantará uno que hará pasar un cobrador de tributos por la gloria del reino; pero en pocos días será muerto, aunque no con ira ni en batalla.*

En contraste con el guerrero Julio César, Augusto César, su sucesor, fue un hombre de paz. Era famoso por ser "un cobrador de tributos". Lucas escribió que en aquellos días "se promulgó un edicto de parte de Augusto César, que todo el mundo fuera empadronado" (Lucas 2:1). Era el tiempo del nacimiento de Jesús en Belén. [Antiguamente el empadronamiento, junto a los nombres de las personas incluía un registro de las propiedades, que se empleaba como base para el sistema de tributación].

Los días de Augusto fueron "la gloria del reino" de Roma. La paz era universal, se había frenado la corrupción y mantenido la justicia. Se promovía la cultura del aprendizaje. Murió pocos años antes del nacimiento de Cristo, no asesinado como era tan frecuente, "no con ira ni en batalla" sino pacíficamente en su cama.

Daniel 11:21-22: *Y sucederá en su lugar un vil, al cual no darán la honra del reino: vendrá empero con paz y tomará el reino con halagos. Y con los brazos de inundación serán inundados delante de él y serán quebrantados, y aun también el príncipe del pacto.*

A Augusto lo sucedió ciertamente "un vil": Tiberio César. Obtuvo "el reino con halagos", pacíficamente. Como emperador reveló un carácter rematadamente vil, asesinando a inocentes, recurriendo al disimulo y la adulación a fin de acercarse a sus enemigos, para arrestarlos y matarlos después. Séneca dijo de Tiberio que se mantuvo en un continuo estado de embriaguez desde el tiempo en que comenzó a beber hasta que murió.

Tiberio fue arrastrado por la corriente, por la "inundación" de la furiosa revuelta que su vileza había desencadenado. Fue asesinado a los setenta y ocho años. "Con sus brazos" había inundado a muchos; ahora el diluvio lo arrastró a él, siendo uno de los "quebrantados".

Pero hubo otro que también fue quebrantado durante el reinado de Tiberio César: "el Príncipe del pacto", Cristo, el Hijo de Dios, mencionado como el "Mesías Príncipe" en Daniel 9:25-27. Ese fue el evento más grande en toda la historia del mundo. Elevándose por encima de las olas tormentosas de historia humana corrupta, se yergue esa Roca de los siglos, la cruz de nuestro Señor Jesucristo en quien tenemos salvación eterna.

Observa bien que la muerte de Cristo, el "Príncipe del pacto", confirma más allá de toda duda la interpretación histórica de estos versículos de Daniel 11. Cristo murió una sola vez, bajo el reinado de un solo emperador romano: Tiberio César. Como experto que estudia la topografía del paisaje, observamos ese hito que asegura hasta aquí la certeza de nuestra comprensión del cumplimiento histórico de esta profecía.

En las últimas horas de Cristo se juntaron a su alrededor personas de todas las partes de la tierra. Los griegos, en representación del estamento culto y refinado de esta tierra, dijeron: "Queremos ver a Jesús" (Juan 12:21). El ladrón, en representación de las vidas humanas caídas y fracasadas, se arrepintió estando crucificado junto a Jesús. El soldado romano, un europeo, declaró bajo la convicción: "Verdaderamente este era Hijo de Dios" (Mateo 27:54). Simón el cireneo, del norte de África, llevó su pesada cruz al Calvario, siendo el precursor de tantos miles de africanos que desde entonces han participado gozosamente de los sufrimientos de Cristo.

Daniel 11:23-26: Él, después del pacto, engañará, subirá y saldrá vencedor con poca gente. Estando la provincia en paz y en abundancia, entrará y hará lo que no hicieron sus padres ni los padres de sus padres; botín, despojos y riquezas repartirá entre sus soldados, y contra las fortalezas formará sus designios. Esto durará un tiempo. Despertará sus fuerzas y su ardor con un gran ejército, contra el rey del sur, y el rey del sur se empeñará en la guerra con un ejército grande y muy fuerte; pero no prevalecerá, porque le harán traición. Aun los que coman de sus manjares lo quebrantarán; su ejército será destruido, y muchos caerán muertos.

Hasta aquí el ángel nos ha llevado paso a paso en la historia del mundo hasta el tiempo de la crucifixión de Cristo, el Príncipe del pacto. Eso sucedió cerca del final de las "setenta semanas" o 490 años del capítulo 9.

El versículo 23 debiera iniciar un nuevo párrafo en nuestras Biblias, puesto que el ángel está llevándonos ahora a través de otro viaje, trasladándonos esta vez a la fase final de la obra de Dios en la tierra y al triunfo eterno de su iglesia. Pero antes nos retrotrae hasta el tiempo en que la nación judía hizo un pacto con los romanos ("después del pacto") y nos muestra que desde el momento en que Roma asumió la protección de Judea comenzó a desarrollarse con inteligencia a partir de un ejército pequeño.

Aquel "pacto" con los judíos se fraguó el año 161 antes de Cristo, previamente a los días gloriosos de Roma. A partir de entonces su ascensión indisputada al liderazgo mundial fue verdaderamente milagrosa. Mientras que muchos reinos se establecen por la guerra y la conquista, varios reyes legaron sus coronas a los romanos en paz y por propia elección. Naciones distantes oyeron acerca de la sabiduría y justicia de los romanos, y los invitaron a ser sus protectores. Roma hizo además algo que jamás nación aluna hiciera antes: repartió los tributos recaudados y los "despojos" entre los pueblos que había conquistado y sometido. Fue un intento de gobernar con justicia y benevolencia para el bien de todos. Fue más tarde cuando Roma se volvió cruel.

"Las fortalezas" se refiere sin duda a Roma, la capital, que prosperaría en sus guerras y en su artesanía hasta donde el cielo le permitiera. Algunos consideran la expresión "un tiempo" como siendo un año profético, es decir 365 días literales (ver comentario a Daniel 7:25).

El ángel sigue retrocediendo en el tiempo hasta los eventos sucedidos a continuación del pacto hecho con los judíos el año 161 antes de Cristo. Llegamos a la guerra entre Roma y "el reino del sur": Egipto. Marco Antonio se había atrincherado en Egipto, donde estaba sumiso y cautivo de la pasión seductora de Cleopatra, la reina de Egipto. Antonio y Cleopatra reunieron conjuntamente una flota de barcos de guerra. Los reyes de Tracia y Asia Menor se juntaron contra César Augusto y los soldados romanos. La supremacía numérica, los recursos y el poder estaban del lado de Marco Antonio, pero la profecía inspirada había declarado: "El rey del sur se empeñará en la guerra con un ejército grande y muy fuerte; pero no prevalecerá". En el punto álgido de la batalla naval de Accio, el 2 de septiembre del año 31 antes de Cristo, Cleopatra entró en pánico y se alejó en su barco. Marco Antonio, locamente encaprichado de ella la siguió, regalando la victoria a Augusto César.

Quienes comían "sus manjares" de la mesa de Marco Antonio: los ejércitos de tierra y los generales que estaban luchando de su lado, indignados por lo que había hecho cambiaron de bando y se alistaron con los ejércitos de César. Finalmente, nadie permaneció leal al insensato Antonio. Hasta la propia Cleopatra lo traicionó, y desesperado se quitó la vida.

Daniel 11:27: *En su corazón, estos dos reyes tramarán hacer mal. Sentados a una misma mesa, se mentirán el uno al otro; pero no servirá de nada, porque el plazo aún no habrá llegado.*

"Estos dos", Antonio y César, habían profesado ser amigos leales, pero en realidad eran enemigos que contendían por el trono. A fin de cementar su "amistad", Antonio se casó con la hermana de César, pero no prosperó ninguno de los intentos de unirse.

Daniel 11:28: *Él volverá a su tierra con gran riqueza, y pondrá su corazón contra el pacto santo; hará su voluntad y volverá a su tierra.*

Evitaremos confundirnos si tenemos presente que el "rey" mencionado en estos versículos no se refiere necesariamente a un individuo, sino más bien a un reino o poder prominente en la historia. César regresó a Roma con mucha gloria y con el gran botín de su conquista. Su procesión triunfal duró tres días.

Leemos que "[Roma] pondrá su corazón contra el pacto santo". Escrito para los judíos, eso describe hasta qué punto los romanos estaban contra ellos, con quienes los romanos sabían que Dios había hecho un "pacto santo". El general romano Tito sitió durante cinco meses la ciudad de Jerusalén. Tan terrible fue el hambre, que algunas de las mujeres judías se comieron a sus propios hijos. Eso fue un cumplimiento de la advertencia escrita por Moisés al efecto de que si el pueblo de Dios rehusaba dar oído al mayor de todos los profetas —al propio Jesús cuando viniera—, quedarían privados de su guía y protección. "Comerás el fruto de tu vientre, la carne de tus hijos y de tus hijas que Jehová, tu Dios, te dio, en medio del sitio y el apuro con que te angustiará tu enemigo" (Deuteronomio 28:49-58). ¡Así de terrible es el final de un pueblo que rechaza al único Salvador del mundo! El año 70 de nuestra era Tito destruyó completamente la ciudad de Jerusalén y el magnífico templo.

Daniel 11:29-30, LBLA: *En el tiempo señalado volverá y entrará en el sur, pero esta última vez no resultará como la primera. Porque vendrán contra él naves de Quitim, y se desanimará; volverá y se enfurecerá contra el pacto santo y actuará contra él; volverá, pues, y favorecerá a los que abandonen el pacto santo.*

Llegamos ahora al tiempo en que Roma se había debilitado y corrompido. El traslado de la capital a Constantinopla fue el preludio de la desintegración final y conquista del Imperio romano por parte de los bárbaros de África y Europa en el año

476 de nuestra era. Las piernas de hierro de la imagen profética de Nabucodonosor que representaban el Imperio pagano de Roma daban ahora lugar a los reinos divididos de Europa, representados en los pies de hierro y de barro.

La más importante entre las naciones bárbaras que destruyeron el Imperio romano fueron los vándalos del norte de África. Tenían la capital en la ciudad de Cartago, en la costa mediterránea. El lenguaje hebreo, mediante la palabra "Quitim" solía referirse a todas las costas e islas del Mediterráneo. Los vándalos luchaban contra el Imperio romano y saqueaban Roma con sus numerosas embarcaciones que navegaban desde Cartago.

Roma estaba ciertamente "desanimada". Se extinguía la gloria del Imperio romano pagano.

Comienza ahora otro tipo de actividad. Irrumpe en la escena el poder representado por el "cuerno pequeño" que vimos en Daniel 7:21-25. Los vándalos, quienes habían conquistado Roma junto a otras dos tribus bárbaras —los hérulos y los ostrogodos— se oponían al poder emergente del papado. Ya nos referimos a esos tres reinos en el capítulo 7. Son tres de los "diez reinos" de la cuarta bestia (Roma). Están representados allí por los tres cuernos que fueron arrancados al surgir el "cuerno pequeño": el papado.

El emperador romano Justiniano quería conquistar Cartago y a los vándalos como castigo por sus incursiones contra Roma, pero temía comenzar aquella guerra, ya que el ejército romano ya no era tan poderoso como antes. El ánimo que necesitaban les vino del obispo católico romano, quien les amonestó a conquistar a los vándalos debido a que los consideraba "enemigos de Cristo".

Así, el emperador romano "se entenderá con los que abandonen el santo pacto" (RV 1995). Los obispos ciertamente habían abandonado el verdadero evangelio de Jesucristo.

Fue con el propósito de conquistar a los vándalos y a sus afines, por lo que el emperador Justiniano decretó su famoso edicto por el que declaraba al obispo de Roma como "cabeza de la iglesia" y "corrector de herejes". Así nació el papado en el año 538 de nuestra era, en preciso cumplimiento de la profecía de Daniel. El mundo comenzaba a entrar en su media noche, en el oscurantismo medieval del papado.

Daniel 11:31: *Se levantarán sus tropas, que profanarán el santuario y la fortaleza, quitarán el sacrificio continuo y pondrán la abominación desoladora.*

¿Presenciaste alguna vez un espectáculo en la penumbra, donde los focos iluminan a los diferentes actores que van siendo alternativamente el centro de atención dependiendo del momento? Daniel 11 es el escenario para los 2300 años de Daniel 8:14 y hasta el "tiempo del fin". Versículo a versículo, el foco de la profecía inspirada va iluminando para nosotros el reino o poder que es significativo en cada momento según la revelación divina. La clave está en la interacción que tiene ese poder con la obra de Dios en la tierra.

Pasamos ahora de Roma pagana a Roma papal. El versículo nos retrotrae a Daniel 8:11-12, donde leímos acerca del "cuerno pequeño" que quitó el "continuo" y echó "por tierra la verdad". Por lo tanto, el versículo 31 de Daniel 11 explica Daniel 8:11-13. Ahora la capital del Imperio romano se ha trasladado de Roma a Constantinopla (la actual Estambul), y el obispo de Roma queda como la persona más importante en el oeste. El foco de la atención profética se dirige entonces al papado, quien está haciendo algo muy significativo: está absorbiendo, tomando sobre sí mismo el paganismo, la filosofía del "continuo" prevaricar o transgredir.

"Sus tropas" se refiere al poder militar empleado para apoyar al papado y darle la supremacía. "El santuario y la fortaleza" se refieren también al lugar dedicado al poderío militar. En hebreo, la palabra es miquedásh, un término diferente a códesh que se emplea en Daniel 8:14, y que sólo se puede referir al santuario de Dios (en Isaías 16:12 y en Ezequiel 28:18 vemos que miquedásh puede significar un santuario pagano: el de Satanás). Algunos eruditos ven "el santuario y la fortaleza" como la sede del paganismo político, es decir, la ciudad de Roma, que había sido el centro del paganismo mundial hasta ser saqueada a partir del año 410 de nuestra era (principio de las invasiones bárbaras). En todo caso, el término hebreo empleado aquí para santuario no puede referirse al santuario de Dios en el cielo.

Tal como vimos en Daniel 8, la palabra "sacrificio" no figura en las copias de los manuscritos originales, donde "continuo" no está precedido de "sacrificio". Se refiere al azote "continuo" del paganismo, que puso a prueba al pueblo de Dios en su exilio babilónico, continuando posteriormente hasta el tiempo del papado, que demostró ser un azote todavía peor. La visión (hebreo: hâzôn) del capítulo 8 presenta esa dualidad de poderes del mal: "el continuo" y "la prevaricación asoladora", siendo el segundo el más letal.

En la visión (hâzôn) de Daniel 8:11-13 el profeta vio el paganismo siendo absorbido e incorporado por el "cuerno pequeño": el papado. Es un hecho singular en el desarrollo de la historia del mundo. Diversas autoridades han comentado al respecto, quizá con mayor sabiduría de la que imaginaron poseer:

"Cuanto más suplantó el cristianismo [catolicismo romano] a la adoración pagana, más absorbió los elementos del paganismo".

"Mientras que los protestantes tradicionalmente han sostenido la idea de una iglesia sincretizada a fin de justificar su existencia, la investigación reciente ha demostrado que el paganismo de la antigüedad tardía no murió tras el siglo cuarto, sino que se adhirió a la iglesia remodelándola... la asimilación de elementos paganos por parte de la iglesia, con la consecuente caída de Europa en el oscurantismo".

"El paganismo es un eclipse continuo de la gracia divina. Muchos cristianos viven en la penumbra de ese siniestro eclipse".

Pero en Daniel 11:31 se emplea un verbo hebreo diferente. Del paganismo no se dice aquí que haya sido absorbido por el cuerno pequeño —como es el caso en el capítulo 8— sino "quitarán". Aunque absorbido religiosa y filosóficamente, el paganismo sería quitado política y militarmente, de forma que ya no hubiera poder terrenal capaz de oponerse al papado. Según el versículo precedente (Daniel 11:30), los profesos seguidores de Cristo abandonaron "el santo pacto" en el cual Dios había prometido ser su apoyo poderoso, y prefirieron en su lugar encontrarlo en el gobierno civil, mediante "sus tropas", sus generales y capitanes del ejército. Eso preparó el camino para que se estableciera "la abominación desoladora" [el papado], algo que demostró ser más devastador que el "continuo" [el paganismo] que el papado quitó.

La visión que Dios dio a Daniel describe la religión del papado como paganismo vestido con ropaje cristiano. Cristo dijo: "El que oye mi palabra y cree al que me envió, tiene vida eterna y no vendrá a condenación, sino que ha pasado de muerte a vida" (Juan 5:24). Esa fe de Jesús es lo opuesto a "la abominación desoladora".

Daniel 11:32: *Con lisonjas seducirá a los violadores del pacto; pero el pueblo que conoce a su Dios se esforzará y actuará.*

Cuando el bien se corrompe, en lugar de la atracción de Cristo ha de recurrir a "lisonjas" y seducción para lograr sus fines. La fe de Jesús fue la verdad más pura, bella y poderosa que el mundo haya conocido. En los días de Cristo —como en los nuestros— hasta sus enemigos eran incapaces encontrar falta en él (Juan 18:38; 19:4 y 6). Satanás aprendió a no oponerse a Cristo abiertamente. Tenía que seducir al cristianismo con "lisonjas" desde dentro. El papado fue su agente.

La apostasía tuvo lugar en diversos pasos:

(1) Los tempranos "padres" de la iglesia comenzaron a interpretar la Biblia según el pensamiento pagano. Probablemente la primera enseñanza cristiana que resultó corrompida fue la doctrina sobre el amor, que se expresa con la palabra agape en el lenguaje del Nuevo Testamento (el griego). La idea helenística del eros infiltró gradualmente el concepto del agape. De forma paralela la iglesia absorbió la idea de la inmortalidad natural del alma.

(2) A fin de lograr más conversos se alteró la enseñanza de la Biblia para acomodarla a la veneración de los ídolos introducida en violación del segundo de los diez mandamientos. A fin de lograr tal fin se eliminó el segundo mandamiento, y el décimo se dividió en dos para que se mantuvieran numéricamente diez.

(3) El verdadero sábado, el recordatorio de la creación de Dios, se fue poniendo a un lado gradualmente, y se exaltó en su lugar el primer día de la semana, dedicado por los antiguos paganos a la adoración del sol. De esa forma se eliminó el sello de la autoridad del Dios del cielo.

(4) La Biblia dejó de ser accesible para la gente común. Se la declaró tan difícil de entender, que solamente los curas o el clérigo la podían interpretar. De esa forma se acalló la voz del Espíritu Santo.

(5) Debido a la enseñanza falsa de que los muertos viven, se abrió la puerta a la veneración de la virgen María y de los "santos". De esa forma se desvió la atención de Cristo, único en quien tenemos perdón, hacia los méritos del propio hombre pecaminoso. Eso ha evolucionado hasta los esfuerzos contemporáneos por hacer de María la corredentora.

(6) El papa y los sacerdotes se atribuyeron el derecho a perdonar pecados, algo que pertenece exclusivamente a Cristo. Se procuró que las personas confiaran en sus propios esfuerzos y obras para la salvación, en lugar de creer solamente en la justicia y salvación traídas por el Hijo de Dios.

(7) Se abolió la libertad religiosa. Bajo pena de cárcel, tortura y muerte, se forzó a los hombres a profesar una fe que podían no albergar en sus corazones. Durante la Edad Media se martirizó por el simple delito de confesar a Cristo como el único Salvador, en lugar de rendir homenaje al "misterio de iniquidad" (2 Tesalonicenses 2:7).

Pero siempre ha habido algunos en diversos lugares, de los que se puede decir "conoce a su Dios". El Señor Jesús siempre ha tenido en todo país y en cada generación quien le sirva fielmente. Entre quienes resistieron valientemente esas falsas enseñanzas estuvieron los valdenses, quienes encontraron refugio en los Alpes del Piamonte. Contribuyeron a preservar para nosotros la luz del conocimiento de Dios. Fueron precursores de la Reforma protestante. Mantuvieron viva la fe en el ministerio de Cristo como nuestro Sumo Sacerdote en el santuario celestial. Se desangraron y murieron para que nosotros podamos gozar hoy de libertad religiosa, y para que en nuestro día pudiera brillar la luz gloriosa de la verdad de Cristo. En nuestro tiempo hay miles que lo conocen verdaderamente, que no venderán a ningún precio su fe en él. ¡Ojalá estemos entre ellos!

Daniel 11:33, LBLA: Los entendidos entre el pueblo instruirán a muchos; sin embargo, durante muchos días caerán a espada y a fuego, en cautiverio y despojo.

Los "muchos días" fueron 1260 años. Fieles siervos de Dios, como los valdenses, disfrazados de comerciantes viajaron por toda Europa enseñando el conocimiento de la Biblia y el ministerio de Cristo cono nuestro Sumo Sacerdote. Lo llevaron a cabo de forma discreta y silenciosa por el bien de quienes estuvieran dispuestos a escucharlos.

Daniel 11:34-35*, LBLA: Cuando caigan recibirán poca ayuda, y muchos se unirán a ellos hipócritamente. También algunos de los entendidos caerán a fin de ser refinados, purificados y emblanquecidos hasta el tiempo del fin; porque aún está por venir el tiempo señalado.*

Hombres como John Wycliffe en Inglaterra, Huss y Jerónimo en Bohemia, y Lutero en Alemania proveyeron la "ayuda" que menciona el texto. Se enseñó a los creyentes a ejercer fe solamente en Cristo como Sumo Sacerdote, quien "vive perpetuamente para interceder por" todos los que creen en él (Hebreos 7:25, LBLA). ¡No hay poder en el cielo o en la tierra capaz de "quitar" su ministerio celestial! Miles fueron liberados de las cadenas de oscuridad que habían atado sus almas.

Pero finalmente la propia Reforma resultó corrompida. Los reformadores desfallecieron en su lucha constante y procuraron la ayuda y soporte de sus respectivos gobiernos para hacer triunfar la verdad, en lugar de depender sólo de Cristo. ¡Se reeditó el problema perenne de la unión de iglesia y estado! El mensaje del evangelio resultó asfixiado por la exaltación egoísta y el poder político. La Iglesia protestante vino también a caer cautiva en manos de gobernantes de este mundo. Dijo el ángel: "Muchos se unirán a ellos hipócritamente", con "lisonjas".

La Reforma que iniciaron Wycliffe y Lutero sigue hoy en progreso. Ciertamente queremos estar junto a quienes siguen la luz creciente de Cristo, de forma que se pueda decir de nosotros: "Pero el pueblo que conoce a su Dios se esforzará y actuará" (Daniel 11:32).

Se nos lleva ahora al "tiempo del fin". En el capítulo 7 vimos que el papado gobernaría (tiránicamente) sólo por 1260 años. El año 1798 Berthier tomó prisionero al papa, debilitando su poder temporal. Terminó el oscurantismo de la Edad Media. Ese fue el punto de partida del "tiempo del fin". ¡Hoy estamos viviendo en él!

Daniel 11:36-39: *El rey hará su voluntad, se ensoberbecerá y se engrandecerá sobre todo dios; contra el Dios de los dioses hablará maravillas, y prosperará hasta que sea consumada la ira, porque lo determinado se cumplirá. Del Dios de sus padres no hará caso, ni del amor de las mujeres, ni respetará a dios alguno, porque sobre todo se engrandecerá. Pero honrará en su lugar al dios de las fortalezas, un dios que sus padres no* *conocieron; lo honrará con oro y plata, con piedras preciosas y cosas de gran precio. Con un dios ajeno se hará de las fortalezas más inexpugnables, colmará de honores a los que lo reconozcan, los hará gobernar sobre muchos y repartirá tierras como recompensa.*

"El rey" es aquí obviamente el poder que va a ser el centro de atención en ese tiempo particular de la historia, cerca del final de los 1260 años de la supremacía papal. La larga noche se estaba acercando a su final. El protestantismo liberó a multitudes del servilismo y control papal. Ahora uno de sus "hijos" más leales se levantaba en rebelión contra las enseñanzas el papado. Esas enseñanzas falsas [junto a la intolerancia religiosa resultante] provocaron la más espantosa depravación en la población de una de las naciones más avanzadas de Europa: el reino de Francia.

En este punto de nuestro estudio examinaremos esta profecía tal como hicieron las iglesias protestantes de principios del siglo XIX. Miles de creyentes despertaron como de un largo sueño al darse cuenta de que los libros de Daniel y Apocalipsis no estaban sellados, sino abiertos para su estudio y comprensión. Poco tiempo después del final de los 1260 años se constituyeron las grandes sociedades bíblicas en Inglaterra, América y otros países. En muchas denominaciones se dio un gran "despertar adventista" que emocionó a multitudes de cristianos verdaderos. El "tiempo del fin" había comenzado al terminar los 1260 años de supremacía papal. Por fin amanecía tras la larga noche medieval.

Comprendieron que las palabras de Jesús "no pasará esta generación hasta que todo esto acontezca" (Mateo 24:34) significaban que Jesús había planeado regresar en sus días.

Aquellos creyentes cristianos llegaron a comprender el libro de Daniel prácticamente tal como lo hemos presentado en este volumen. Era como un rompecabezas cuyas piezas comenzaban a encajar. No cabían en sí por la alegría de ver cómo se complementaban las profecías de Daniel y Apocalipsis, constituyendo una preciosa cadena de verdad aplicable a sus días en el presente: la "verdad presente" según expresión de 2 Pedro 3:1. Un evento tras otro en la historia de sus días validaba su comprensión de la profecía del libro de Daniel.

Se producen entonces acontecimientos tumultuosos en la gran nación de Francia (que había ayudado recientemente a que los jóvenes Estados Unidos de América lograran su independencia). Para ese nutrido grupo de cristianos devotos, el levantamiento gigantesco de Francia parecía ser el preciso cumplimiento de esta profecía. Un detalle tras otro confirmaba que ocupaba un "lugar" inspirado en el cuadro profético.

En occidente los ojos de todos estaban puestos en Francia, y en esta conclusión del capítulo 11 del libro de Daniel el foco de interés profético está puesto también en esa nación como actor central en la escena.

En 1793 los líderes de Francia descartaron abiertamente la religión cristiana que ellos creían representada en el catolicismo romano. Por si fuera poco descartaron también la Biblia en marcada ignorancia de las enseñanzas que contiene. En nombre de la nación de Francia negaron oficialmente la existencia de Dios: una declaración singular, por tratarse de uno de los decretos de la Asamblea Francesa que gobernaba, y no de una opinión privada expresada por individuos particulares. Mientras que las "Trece Colonias" habían declarado oficialmente la creencia de que "todos los hombres son creados iguales", ¡Francia declaraba oficialmente la noexistencia del Creador! Así, "el rey [el propio gobierno] hará su voluntad", "sobre todo se engrandecerá", "se ensoberbecerá y se engrandecerá sobre todo dios", y "contra el Dios de los dioses hablará maravillas".

¡Hasta el obispo romano de París se sumó a ese movimiento ateo! Declaró públicamente que toda su vida se había engañado al seguir la religión "cristiana", y afirmó abiertamente que Dios no existe. Muchos que habían profesado ser cristianos toda su vida siguieron su ejemplo.

"Del Dios de sus padres no [hizo] caso" Se prohibió cualquier tipo de adoración cristiana. El gobierno se apropió del oro y la plata de las iglesias. Las campanas de iglesia se fundieron y transformaron en cañones. Se quemó públicamente la Biblia. Se abolió la semana bíblica de siete días, que fue sustituida por la repetición de ciclos de diez días. Se abolió el matrimonio como ordenanza sagrada, que sería vigente sólo a voluntad y conveniencia de las dos partes. El gobierno ateo "no hará caso ... del amor de las mujeres": despreció el deseo natural de hombres y mujeres por amor y cuidado en el seno de una familia para toda la vida.

Pronto esa revolución desbocada atemorizó a los propios gobernantes de Francia. Comprendieron que las personas necesitan adorar algo, en caso contrario se extinguen la ley y el orden. Descubrieron "un dios que sus padres no conocieron": escogieron a una bailarina popular de reputación dudosa y poco vestida para representar la "Razón", y se la expuso ante el pueblo como siendo el objeto apropiado de su sacrificio y adoración. Ese fue el nuevo "dios" que habría de tomar el lugar del "Dios [de] sus padres". Llevaron aquella mujer a la catedral de Notre-Dame y la instalaron como la

"Diosa de la razón" nacional. En todo el territorio francés se hicieron ceremonias similares.

Ese dios podía llamarse con toda propiedad el "dios de las fortalezas", ya que el propósito de instituir aquella adoración pública de la razón era asegurar la lealtad y apoyo del pueblo a los ejércitos de Francia, que muy pronto se embarcarían en un intento de conquistar el mundo.

Cuando la cristiandad es pura, es una agencia poderosa para la luz, progreso, libertad y prosperidad de una nación. Pero la "cristiandad" corrupta y apóstata es paganismo disfrazado de cristianismo. Deja sin restricción el orgullo y la adoración al yo propios del corazón natural (el gadal del "continuo" citado por Daniel). Tiende siempre a provocar un odio descomedido como el de la Revolución francesa de 1793-1799. David escribió: "Andaré en libertad porque busqué tus mandamientos" (Salmo 119:45). El yugo de Cristo es "fácil", y su carga "ligera" (Mateo 11:28-30).

Los líderes de la revolución y ateísmo en Francia ocuparon "las fortalezas más inexpugnables", la autoridad del gobierno, hasta 1799. Uno de los hechos más notables en la revolución fue la confiscación y redistribución de la riqueza en unos dos tercios del territorio de Francia, que anteriormente había estado en forma de fincas gigantescas en manos de la iglesia de Roma y de los nobles y gobierno anteriores. Ese territorio se dividió y subastó en pequeñas piezas a todo el que pudo comprarlas. Así, se cumplió la profecía: "Repartirá tierras como recompensa".

En medio del terror de la Revolución francesa surgió una de las figuras más prominentes del siglo XIX: Napoleón Bonaparte. A comienzos de siglo multitudes de protestantes y católico-romanos vieron esa historia delineada en Daniel 11. De haber estado allí, también nosotros lo habríamos visto.

¿Sería posible que lo que fue "verdad presente" entonces siga siendo hoy verdad actual? Este libro toma la posición de que era verdaderamente la intención de Jesucristo regresar por aquel tiempo a la tierra para reclamar a su pueblo durante el período en que vivieron aquellos que comenzaron a comprender Daniel y Apocalipsis al iniciarse el "tiempo del fin". Sus exposiciones proféticas fueron cuidadosamente estudiadas; sus conclusiones, muy elaboradas y razonadas. La verdad sigue siendo verdad. La Palabra de Dios no ha fallado, pero sí lo ha hecho su pueblo, que ha dejado de avanzar en la luz siempre creciente de la justificación por la fe. Sus fracasos han demorado la conclusión victoriosa del gran conflicto entre Cristo y Satanás. El retraso no se ha debido a una comprensión profética equivocada, sino al fracaso en captar las revelaciones del "evangelio eterno" que llevan a la humillación del yo. Ese evangelio aún tiene que alumbrar la tierra con su gloria cuando el mensaje de Apocalipsis 18 se proclame finalmente con claridad y poder.

Daniel 11:40: *Al cabo del tiempo el rey del sur contenderá con él; y el rey del norte se levantará contra él como una tempestad, con carros y gente de a caballo y muchas naves; y entrará por las tierras, las invadirá y pasará.*

Recordamos cómo el ángel habló repetidas veces a Daniel al principio de este capítulo sobre el "rey del norte" y el "rey del sur". Son los dos principales actores en esta profecía. Son los poderes que han habitado respectivamente las zonas norte y sur de lo que fue originalmente el Imperio de Alejandro Magno. Este parece ser el patrón básico de identidad que Dios ha elegido.

Evidentemente, la razón por la que el Señor es tan esmerado en los detalles relativos a esas oscuras guerras de conquista y reconquista entre los reyes del norte y del sur, es para establecer nuestra fe más allá de toda duda en el cumplimiento también de la última parte de esta profecía. Egipto ha permanecido como el "rey del sur" a lo largo de la historia, y el estado islámico ha ocupado por siglos el territorio que anteriormente ocupó el "rey del norte".

No parece haber razón en la profecía para asumir que el ángel quiera ahora que Daniel comprenda los reyes del norte y del sur de forma distinta. Hasta aquí la profecía de este capítulo ha sido muy clara y directa, no simbólica. Sabiendo que el ángel está continuando con el mismo lenguaje claro que ha emplead en los versículos 1-39, describe una conmoción entre las naciones al final del "tiempo del fin" (que ya hemos identificado como comenzando en 1798).

Reverentes estudiosos de la Biblia en el tiempo de aquellos eventos y también poco tiempo después, lo que les permitió analizarlos con cierta visión retrospectiva, tuvieron ciertas convicciones respecto a cuál podía ser su significado. La guerra aludida tuvo lugar aquel mismo año. Napoleón consideró que los egipcios habían cometido ultrajes contra Francia y les declaró la guerra. Con una fuerza mayor, amenazando con conquistar Egipto, provocó al sultán de Turquía, quien se puso del lado de los egipcios. El 2 de septiembre de 1798 el sultán declaró la guerra a Francia. Los ingleses se añadieron a los turcos, y con las "muchas naves" de sus fuerzas militares unidas forzaron a Napoleón a retirarse por primera vez en toda su carrera. Esos eventos bien conocidos en lo que era historia para aquel presente, reforzaron las convicciones de los estudiosos de la Biblia respecto a que había comenzado "el tiempo del fin".

Sabemos que Dios ha dedicado un capítulo entero en Apocalipsis a la historia del Islam en la profecía: el noveno. ¿Podría estar de igual forma dirigiendo nuestra atención a un pasaje en cierta forma paralelo? Sabemos que el Islam ocupa en la escena mundial una posición más prominente de la que nadie imaginaba en la generación que nos precedió.

Pero la comprensión dista mucho de ser completamente satisfactoria. No podemos ir más lejos que reafirmarnos en que la historia cumple la profecía, esperando que el Espíritu Santo enseñe a la iglesia del presente a comprenderla con mayor claridad en la parte que queda por cumplir. La abundante evidencia estableció la fe profética de cristianos concienzudos en el siglo XIX. Nuestros fracasos espirituales, la tibieza de nuestra devoción por Cristo, no son el resultado de una deficiente comprensión de Daniel y Apocalipsis por parte de los cristianos del siglo XIX, sino de nuestra propia deficiencia en captar la luz creciente del evangelio de la justicia por la fe de Cristo.

Daniel 11:41: *Entrará en la tierra gloriosa, y muchas provincias caerán; pero escaparán de sus manos Edom, Moab y la mayoría de los hijos de Amón.*

"La tierra gloriosa" es una expresión que parece poder aplicarse solamente a la tierra de Palestina de la que Daniel fue nativo: el lugar de habitación del pueblo de Dios por entonces. Las fuerzas islámicas, ayudadas por los ingleses, barrieron Palestina para empujar a franceses y egipcios de vuelta al sur en 1800-1801. Es digno de mención que los pueblos que modernamente ocupan el antiguo territorio de los edomitas, moabitas y amonitas escaparon al saqueo y destrucción en aquel tiempo. Los estudiosos de la Biblia contemporáneos de esos eventos vieron eso como un cumplimiento de ese particular.

Daniel 11:42-45: *Extendera su mano contra las tierras, y no escapará el país de Egipto. Se apoderará de los tesoros de oro y plata, y de todas las cosas preciosas de Egipto. Los de Libia y de Etiopía lo seguirán. Pero noticias del oriente y del norte lo atemorizarán, y saldrá con gran ira para destruir y matar a muchos. Plantará las tiendas de su palacio entre los mares y el monte glorioso y santo; pero llegará a su fin, y no tendrá quien lo ayude.*

Algunos estudiosos de la Biblia comprendieron las "noticias del oriente y del norte lo atemorizarán" como la provocación de Rusia y Persia que llevó a la guerra de Crimea en 1853-1856 y a la guerra entre Rusia y Turquía en 1877. Turquía, aunque inferior, se lanzó con ira y lucho salvajemente.

Pero no era rival para el superior poderío de Rusia. Parecía que Turquía iba a tener su final allí y entonces, pero en ese momento

Inglaterra y Francia intervinieron para ayudarle, y Rusia debió retroceder.

Desde aquel tiempo la nación islámica de Turquía ha sido percibida como el enfermo de oriente que es sostenido artificialmente por los grandes poderes de Europa y América que no quieren verla caer conquistada por Rusia. Las naciones se han dado cuenta más que nunca que la llave para el dominio mundial está en Oriente Próximo. Turquía se ha aferrado a su más bien pequeño territorio en Europa en las décadas pasadas, estando al borde de la destrucción en dos guerras mundiales en las que resultó profundamente amenazada, pero librándose en ambos casos. Algo parece haber retardado la lucha final.

Eventos en Oriente Próximo bien podrían haber destruido la paz mundial. Los hidrocarburos parecen haberse convertido en el bien más preciado, y Oriente Próximo posee gran parte de la reserva mundial. Lo que hace con su petróleo, cuánto produce y qué precio le pone, afecta a la mayor parte de los países. El Islam, aparentemente dormido desde hace largo tiempo, ha despertado a una nueva yihad —o guerra santa— en busca de la superioridad religiosa, política y económica. Y el petróleo es ahora su arma.

No parece sabio abandonar ahora la comprensión que el pueblo cristiano adquirió de esas profecías durante el gran despertar adventista del siglo XIX. Hay evidencia inconfundible de que el Espíritu Santo obró en aquel prodigioso movimiento espiritual. ¿Quién podía entonces prever que las naciones del Islam y Oriente Próximo estarían hoy entre las más influyentes y estratégicamente situadas del mundo? Mucho en Daniel 11 ha tenido relación con lo sucedido en Oriente Próximo. Quizá la sección final encuentre también allí su cumplimiento.

No hay duda de que en la segunda mitad del siglo XIX todas las cosas estaban a punto para el final de la historia de este mundo y la segunda venida en gloria de nuestro Señor y Salvador Jesucristo. Sólo una cosa impedía el cumplimiento de la profecía de Daniel el pueblo de Dios no estaba preparado.

"El Señor no retarda su promesa según algunos la tienen por tardanza, sino que es paciente para con nosotros no queriendo que ninguno perezca, sino que todos procedan al arrepentimiento" (2 Pedro 3:9).

Desde el tiempo en que los ángeles han estado reteniendo el estallido de la batalla de Armagedón, el Espíritu Santo ha hecho una obra poderosa en todo el mundo. Miles que anteriormente estuvieron en las tinieblas del paganismo viven hoy en la alegría de conocer al Salvador. Cuán agradecidos debiéramos estar porque el versículo 45 no se haya cumplido todavía, pues una vez que lo sea tendrán inmediatamente lugar los eventos finales delineados en el capítulo 12, y la oportunidad o tiempo de prueba para responder al Señor habrá expirado por siempre.

Cuando el rey del norte (quienquiera sea) "llegará a su fin y no tendrá quien lo ayude", Cristo, nuestro gran Sumo Sacerdote al que el ángel llamó "Miguel", habrá de dejar a un lado su oficio de Salvador y prepararse para venir pronto como "Rey de reyes y Señor de señores" (Apocalipsis 17:14). Entonces el cielo emitirá un decreto: "El que es injusto, sea injusto todavía; el que es impuro, sea impuro todavía; el que es justo, practique la justicia todavía, y el que es santo, santifíquese más todavía" (Apocalipsis 22:11).

Hasta ese día fatídico (para muchos), las naciones esperan ansiosamente que "el rey del norte" llegue "a su fin", mientras que los siervos del Señor siguen los movimientos de su Sumo Sacerdote en el santuario celestial. "Si oís hoy su voz, no endurezcáis vuestros corazones" (Hebreos 3:7-8).

Señor, vemos que las palabras del ángel a Daniel describen lo que sucede hoy en el mundo. Nuestros corazones sienten la solemnidad de saber que pronto llegarán a su fin todas las cosas terrenales. Estás esperando solamente que tu pueblo encuentre en Jesús al único y completo Salvador del egoísmo y el pecado. ¡Ojalá tu espera no sea en vano! Antes que el sol se ponga en el cielo occidental, escribe nuestros nombres en tu libro de la vida. Amén.

Capítulo 12—Daniel ve el fin del mundo

Daniel 12:1: En aquel tiempo se levantará Miguel, el gran príncipe que está de parte de los hijos de tu pueblo. Será tiempo de angustia cual nunca fue desde que hubo gente hasta entonces; pero en aquel tiempo será libertado tu pueblo, todos los que se hallen inscritos en el libro.

"Miguel" es el propio Cristo. "Se levantará" significa que va a comenzar a reinar como Rey de reyes y Señor de señores. Aprendemos eso al relacionar este versículo con Daniel 11:3-4, donde vimos que el reino de Alejandro Magno sería quebrantado y dividido en cuatro partes al poco tiempo de haberse "levantado", es decir, de haber comenzado a reinar.

Cuando llegue a su final el "rey del norte", Cristo iniciará su tan esperado reinado. Hasta ahora ha venido realizando su obra como Mediador y Sumo Sacerdote en el santuario celestial. "En aquel tiempo" que estamos considerando cesará su obra para salvar del pecado, y vendrá a ser el poderoso Juez para sus enemigos y el Protector para su pueblo. Si esperamos a entregarnos al Salvador hasta que el "rey del norte" haya llegado a su fin, será demasiado tarde. Para entonces se habrá cerrado para siempre la puerta de la gracia que por tanto tiempo permaneció abierta.

Cuando Cristo deje de interceder por los hombres culpables, el Espíritu Santo se retirará. El mundo de hoy alberga un espíritu explosivo de rebelión y odio reprimido tal, que la gente se va a asombrar sin medida cuando se retire finalmente la influencia restrictiva del Espíritu Santo. Aquel "será tiempo de angustia cual nunca fue desde que hubo gente hasta entonces". De vez en cuando, incluso ahora, captamos vislumbres del horror que ha de sobrecoger al mundo cuando haya rechazado irreversiblemente al Espíritu de Dios. Eso no es más que un anticipo de lo que va a experimentar el mundo entero cuando se haya cerrado la puerta. Los incrédulos serán dejados sin restricción a su propia suerte y elección, a sus propios caminos.

"Pero en aquel tiempo será libertado tu pueblo, todos los que se hallen inscritos en el libro". "Tu pueblo" —el pueblo de Daniel— es el pueblo de Dios. No es una tribu, raza o nación en particular. No es la nación judía, sino los creyentes de toda nación, tribu, lengua y pueblo (Apocalipsis 14:6). Sus nombres fueron retenidos "en el libro" porque respondieron a ese amor de Cristo que nos busca (Gálatas 3:29).

Ese libro importante en el que figuran los nombres de quienes forman el pueblo de Dios, es "el libro de la vida del Cordero" citado en Apocalipsis 13:8. Se lo llama así porque sólo aquellos cuyos nombres permanezcan en él recibirán el don de la vida eterna de forma definitiva. Al apóstol Juan se le mostró en visión que "el que no se halló inscrito en el libro de la vida, fue lanzado al lago de fuego" (Apocalipsis 20:15).

Debemos asegurarnos de que, tras haberse escrito nuestros nombres en el libro de la vida, no sean borrados: "El vencedor será vestido de vestiduras blancas, y no borraré su nombre del libro de la vida, y confesaré su nombre delante de mi Padre y delante de sus ángeles" (Apocalipsis 3:5, ver también 22:19). Seremos los más felices del universo cuando le oigamos confesar nuestro nombre.

A algunos cuyos nombres estuvieron escritos en ese libro de la vida, les serán borrados. Es el caso de Judas Iscariote, uno de los doce apóstoles, bien conocido. En lugar de vencer su amor al dinero, permitió que este le venciera hasta el punto de vender al Hijo de Dios por treinta piezas de plata. También el rey Saúl, quien experimentó a veces el poder del Espíritu Santo en su corazón (1 Samuel 10:6; 19:23-24), pero que más tarde cedió a los celos y el odio, y se rebeló contra el Señor. Estaba celoso de David hasta que un mal espíritu poseyó su corazón. Murió en su pecado, sin esperanza. Están Coré, Datán y Abiram, dirigentes de Israel, quienes se rebelaron contra Dios y contra Moisés, su siervo escogido (Números 16), así como otros cuyas experiencias quedaron "escritas para amonestarnos a nosotros, que vivimos en estos tiempos finales" (1 Corintios 10:11).

Antes que Jesús cese en su obra como Sumo Sacerdote en el santuario celestial ha de quedar determinado qué nombres van a seguir en el libro de la vida y cuáles van a ser borrados. Se trata de un proceso de juicio investigador. Algunos lo llaman juicio previo al advenimiento, ya que ha de tener lugar antes del regreso de Jesús a la tierra. Cuando ese proceso se haya completado, "Miguel" (otro nombre de Cristo) "se levantará" y comenzará a reinar, a ejercer de Rey; ya no más como Sumo Sacerdote para otorgar perdón al pecador arrepentido. La puerta de la gracia que ha estado abierta para el pecador por tanto tiempo, habrá quedado entonces cerrada. Se pronunciará el decreto solemne: "El que es injusto, sea injusto todavía; el que es impuro, sea impuro todavía; el que es justo, practique la justicia todavía, y el que es santo, santifíquese más todavía" (Apocalipsis 22:11). En ese punto del tiempo, lo que seamos es lo que seguiremos siendo por siempre. ¿Asusta? Si es así, demos gracias porque aún no se ha cumplido el versículo 1, aunque falte muy poco para que suceda

De entre los que ya murieron, algunos serán juzgados justos en esa investigación judicial previa al advenimiento. Jesús se refirió a ellos como "los que son tenidos por dignos de alcanzar aquel siglo y la resurrección de entre los muertos" (Lucas 20:35). También algunos entre los vivos serán tenidos por justos. Jesús se refiere a ellos como los que serán "tenidos por dignos de escapar de todas estas cosas que vendrán, y de estar en pie delante del Hijo del hombre" (Lucas 21:36). Eso significa la traslación al cielo cuando él venga.

Se trata del juicio que vio Daniel en el capítulo 7, versículos 9 y 10, cuando "se sentó un Anciano de días ... miles de miles lo servían, y millones de millones estaban delante de él. El Juez se sentó y los libros fueron abiertos". El juicio investigador tiene lugar mientras las personas vivimos aquí en la tierra, ya que Jesús dijo: "Velad, pues, orando en todo tiempo que seáis tenidos por dignos de escapar de todas estas cosas que vendrán, y de estar en pie delante del Hijo del hombre" (Lucas 21:36). Ese juicio de investigación sucede como parte de la purificación del santuario que tal como vimos en el capítulo 8 comenzó en 1844, al final de los 2300 años de la profecía.

En ese juicio no sólo se tiene en cuenta el libro de la vida. Hay otros libros que registran nuestras palabras, hechos, y hasta nuestros pensamientos secretos (ver también Malaquías 3:16-18; 1 Corintios 4:5; Eclesiastés 12:14). "Toda cosa oculta" va a ser revelada en el juicio, va a ser expuesta ante los "millones y millones" de ángeles —y posteriormente de personas— a menos que mediante el arrepentimiento y la confesión seamos perdonados, y nuestros pecados sean borrados mediante la sangre de Cristo (mientras dura el tiempo de prueba).

En cada caso algo va a ser borrado: o bien nuestro nombre del libro de la vida tal como Jesús afirmó que sucedería si no queremos vencer, o bien nuestros pecados.

Pedro afirmó refiriéndose a este tiempo: "Arrepentíos y convertíos para que sean borrados vuestros pecados; para que vengan de la presencia del Señor tiempos de consuelo, y él envíe a Jesucristo, que os fue antes anunciado" (Hechos 3:19-20). Escribió el sabio Salomón: "El que oculta sus pecados no prosperará, pero el que los confiesa y se aparta de ellos alcanzará misericordia" (Proverbios 28:13). En la cruz de Cristo se encontraron la misericordia y la verdad, la justicia y la paz (Salmo 85:10). Es la sangre de Jesús crucificado la que lava y borra nuestros pecados. Eso encierra dos verdades: en primer lugar, la ley quebrantada encontró en él una sustitución legal; y en segundo lugar, el amor que reveló en el sacrificio de sí mismo nos motiva a experimentar un cambio de corazón (Salmo 51:1-2). "¡Este es el Cordero de Dios, que quita el pecado del mundo!" (Juan 1:29). No encubre el pecado, sino que lo "quita" del corazón.

Ese "poner fin al pecado", "expiar la iniquidad" y "terminar la prevaricación" (Daniel 9:24) es lo que se completa plenamente en la purificación del santuario. Esa obra sólo es posible en virtud del sacrificio que Jesús hizo en la cruz. Tiene un efecto en los corazones del pueblo de Dios en la tierra, ya que los libros del cielo jamás pueden ser purificados del registro de nuestros pecados a menos que nuestros corazones hayan sido purificados de pecado aquí en esta tierra. De otra forma serían registros falsos y sin sentido.

De entre los que viven, quienes sean hallados dignos de la vida eterna cuando Cristo regrese, serán "los que [hoy] siguen al Cordero por dondequiera que va", aquellos en cuyas "bocas no fue hallada mentira, pues son sin mancha delante del trono de Dios"

(Apocalipsis 14:5). Conseguir todo eso es el fin por el que Cristo murió en la cruz.

Daniel 12:2: Muchos de los que duermen en el polvo de la tierra serán despertados: unos para vida eterna, otros para vergüenza y confusión perpetua.

Habrá dos resurrecciones generales: la primera, la de aquellos que murieron en la fe y resucitarán cuando Jesús regrese en su segunda venida (Juan 5:28-29; 1 Tesalonicenses 4:16-17); y la segunda resurrección, la de los incrédulos, que tendrá lugar al final del milenio del que habla Apocalipsis 20, versículos 5, 7 y 8.

Pero esa resurrección de la que habla el ángel en Daniel 12:2 es un caso especial. Se produce antes de la segunda venida de Cristo, y es una resurrección mixta de buenos y malos. Vemos también esa resurrección especial en Apocalipsis 1:7, donde aprendemos que algunos de los que crucificaron literalmente a Cristo estarán entre los que contemplarán cómo viene en gloria con las nubes de los cielos. Entre ellos estará Caifás, a quien Cristo aseguró que lo vería regresar en gloria (Mateo 26:64). ¡Y lo va a ver! Los que fueron particularmente rebeldes tendrán la oportunidad de ver la gloria de Aquel a quien odiaron y crucificaron. El Padre no va a torturarlos físicamente: será suficiente tortura lo que van a ver. Y es de justicia que a algunos de los justos se les conceda el privilegio especial de ver la venida de su Señor y Salvador.

Daniel 12:3-4, LBLA: Los entendidos brillarán como el resplandor del firmamento, y los que guiaron a muchos a la justicia, como las estrellas, por siempre jamás. Pero tú, Daniel, guarda en secreto estas palabras y sella el libro hasta el tiempo del fin. Muchos correrán de aquí para allá, y el conocimiento aumentará.

Los "entendidos" han sufrido frecuentemente en este mundo de maldad. Vivir una vida de fe tiene un costo. Abandonamos amigos, riqueza, propiedades, comodidades y una vida fácil. En ocasiones nos abandonan miembros de nuestra propia familia. Llevamos la cruz con Cristo, sufrimos con él. Soportamos el ridículo y el reproche en la soledad y privación. Todo por él.

Pero ¿quién se atreverá a decir que es un precio demasiado alto? "Los que guiaron a muchos a la justicia", los que dedicaron sus vidas sacrificándose en procura de la salvación de otros, tendrán una abundante recompensa que es inconmensurable.

Es Satanás quien nos desconcierta y confunde. Él nos susurra: 'No puedes permitirte sacrificar todo esto por guardar el sábado. ¡No vas a aislarte de tu familia por la cruz de Cristo!'

Pero la verdad es que ganamos infinitamente más permaneciendo con Cristo. Podemos perder el trabajo, la propiedad, el dinero, los amigos e incluso un esposo o esposa, hijos o padres. Pero a cambio tenemos una herencia tan permanente como las estrellas que vemos brillar en el firmamento, junto a Cristo y los redimidos.

No dudemos en derramar nuestras vidas cooperando para que la obra de Dios llegue a su fin en la tierra. "El que gana almas es sabio" (Proverbios 11:30), y son los sabios, los "entendidos", quienes brillarán por la eternidad.

El libro de Daniel, cerrado y sellado en sus días, iba a ser abierto y comprendido en el tiempo del fin. Ahora no hay nada en él que esté guardado "en secreto" ni sellado. Correr "de aquí para allá" se puede referir a la intensa investigación de que sería objeto el libro en el tiempo del fin, permitiendo así que aumentara "el conocimiento" de su mensaje. Desde el inicio de ese tiempo del fin en 1798 se ha intensificado el interés a nivel mundial en el libro de Daniel.

La expresión también se puede referir a los avances en el transporte y el conocimiento científico que han ido paralelos al aumento del conocimiento sobre la Biblia. Mediante descubrimientos científicos inéditos el Señor ha preparado los medios para la proclamación de su mensaje para los últimos días. Prácticamente nadie está al margen de la explosión en los medios de información y comunicación. Un ejemplo es la facilidad con que podemos comunicarnos telefónica o informáticamente con cualquier persona en cualquier parte del planeta Tierra en tiempo real. El común de la humanidad de hace sólo una o dos generaciones ni siquiera pudo soñar algo así.

Cuando uno compara los seis mil años de historia humana con un simple día desde que sale el sol hasta que se pone, se podría decir que la humanidad ha estado sumida en un tranquilo sueño en las edades pasadas desde la salida del sol hasta veinte minutos antes de que se ponga, momento en el que ha despertado súbitamente y se han producido la inmensa mayoría de adelantos e inventos de que hoy disfrutamos.

Daniel 12:5-7: Yo, Daniel, miré y vi a otros dos que estaban en pie, uno a este lado del río y el otro al otro lado. Y dijo uno al varón vestido de lino que estaba sobre las aguas del río: "¿Cuándo será el fin de estas maravillas?". Oí al varón vestido de lino, que estaba sobre las aguas del río, el cual alzó su mano derecha y su mano izquierda al cielo y juró por el que vive por los siglos, que será por tiempo, tiempos y la mitad de un tiempo. Y cuando se acabe la dispersión del poder del pueblo santo, todas estas cosas se cumplirán.

Daniel oye esa conversación entre dos ángeles, en la que se cita la misma profecía de tiempo que ya vimos en el capítulo 7, versículo 25: "tiempo, tiempos y la mitad de un tiempo", que son tres años y medio de tiempo profético (contando 360 días del año bíblico, llegamos a un total de 1260 días. Dado que cada día simboliza un año —Ezequiel 4:6—, totalizan 1260 años literales). Durante ese tiempo el depredador del pueblo de Dios ha prosperado en su obra maliciosa. Una vez terminada su supremacía, comparativamente no queda sino un breve tiempo antes que se haga realidad la declaración: "todas estas cosas se cumplirán".

El libro de Apocalipsis quita el sello y explica el libro de Daniel. El "varón vestido de lino" de Daniel 12:7 nos recuerda al "ángel fuerte" de Apocalipsis que estaba de pie sobre el mar y sobre la tierra y "levantó su mano hacia el cielo y juró por el que vive por los siglos de los siglos ... que el tiempo [demora] no sería más, sino que en los días de la voz del séptimo ángel, cuando él comience a tocar la trompeta, el misterio de Dios se consumará, como él lo anunció a sus siervos los profetas" ¡incluyendo a Daniel! (Apocalipsis 10:5-7). El Señor nos está hablando mediante esos dos libros combinadamente.

Daniel 12:8-10: Yo oí, pero no entendí. Dije entonces: "Señor mío, ¿cuál será el fin de estas cosas?". Él respondió: "Anda, Daniel, pues estas palabras están cerradas y selladas hasta el tiempo del fin. Muchos serán limpios, emblanquecidos y purificados; los impíos procederán impíamente, y ninguno de los impíos entenderá; pero los entendidos comprenderán.

Los profetas a menudo "han inquirido y diligentemente buscado, escudriñando cuándo y en qué punto de tiempo significaba el Espíritu de Cristo que estaba en ellos … no para sí mismos, sino para nosotros administraban las cosas" (1 Pedro 1:10-12). Vivimos en los días que ellos quisieron ver.

El Espíritu de Dios eligió el empleo de símbolos para revelar el futuro a los "entendidos". Ningún otro entenderá ni estará interesado en entender. Sólo los de corazón humilde "tienen hambre y sed de justicia" y se esfuerzan diligentemente en tener la iluminación del Espíritu de Dios. De esa forma les es concedido comprender los misterios el reino de Dios. ¿No debiéramos inclinar nuestras cabezas en profundo agradecimiento al Señor que ha tenido a bien abrir ante nosotros la puerta del conocimiento?

Daniel 12:11: Desde el tiempo en que sea quitado el sacrificio continuo hasta la abominación desoladora, habrá mil doscientos noventa días.

El ángel proporciona evidencia numérica adicional a la exactitud de estas profecías. Como las vigas y travesaños que refuerzan un puente pesado, esos períodos de tiempo refuerzan las profecías más importantes de Daniel. Los 1290 "días" se deben entender como símbolos proféticos, cada día representando un año literal como sucede con los 1260 días de Daniel 7:25 y de Apocalipsis 12:6.

Se debe recordar que el texto hebreo no incluye la palabra "sacrificio", que fue una aportación de los traductores al pensar que el significado lo requería (ver comentario en el capítulo 8:13- 14 y 11:31). El "continuo" es un término hebreo que denota el ejercicio constante, en este caso, de la naturaleza autoexaltada de la transgresión: lo que resume el término hebreo gadal, la iniquidad inherente al paganismo, que fue quitado políticamente a fin de establecer algo peor: "la abominación desoladora". Comprendemos en ello que el último reducto de resistencia organizada del paganismo en Europa fue "quitado" a fin de que no hubiera oposición política al establecimiento del papado, que habría de gobernar el mundo por 1260 años.

El paganismo gobernó una vez la antigua Europa. En la vida moderna abundan restos de las supersticiones que le eran características. Por ejemplo, nuestros días de la semana llevan el nombre de deidades paganas. El domingo como día de adoración es un resto del antiguo culto al sol. La creencia en la inmortalidad natural del alma —no como un don de Cristo— viene del paganismo. Infinidad de costumbres religiosas y festividades sin fundamento en la Biblia, aunque profesan ser "cristianas", tienen el mismo origen pagano.

Aquel paganismo político (el Imperio romano) fue en la antigua Europa un poder formidable que impedía seriamente el progreso de la Iglesia de Roma. El ángel se refirió a eso en Daniel 11:31 (también 2 Tesalonicenses 2:7). Ahora declara que desde que el paganismo fuera "quitado" como fuerza política y establecido el poder papal, pasarían 1290 años [hasta su final como poder perseguidor]. Está implícito que el final de ese período de los 1290 años es el final de la supremacía papal, que ocurrió en 1798 al perder el papado el poder temporal (civil). Restando 1290 años de 1798 nos lleva al año 508.

Por aquel tiempo se dieron cambios profundos en la vida de Europa. El año 496 Clodoveo, el rey de los francos (más tarde

Francia), se "convirtió" a la fe católico-romana. Comenzó inmediatamente a imponer por la fuerza su recién descubierta "fe". Aunque sus soldados paganos no habían experimentado cambio alguno de corazón ni conversión del carácter, les ordenó a todos ellos atravesar un río a pie, resultando así "bautizados". Ese tipo superficial de conversión resultaba más agradable y natural al corazón humano que la fe del Salvador, quien dijo: "Si alguno quiere venir en pos de mí, niéguese a sí mismo, tome su cruz cada día y sígame" (Lucas 9:23). Clodoveo y sus soldados asumieron el nombre y la profesión del cristianismo.

A partir de entonces el rey de Francia fue siempre aclamado como el príncipe "más cristiano" de Europa, y como "el hijo mayor del papado". El bautismo de Clodoveo preparó el camino para la supremacía de un sistema de religión en Europa que duró 1260 años; un sistema con "apariencia de piedad", pero negando "la eficacia de ella" (2 Timoteo 3:5). Hasta el día de hoy es la costumbre de multitudes hacer ese el mismo cambio superficial desde paganismo hacia una profesión de cristianismo vacía y desprovista de poder. Un cambio que nada sabe del poder de la victoria sobre el pecado ni de la victoria sobre el amor a uno mismo. Jesús dijo: "Este pueblo de labios me honra, mas su corazón está lejos de mí, pues en vano me honran enseñando como doctrinas mandamientos de hombres" (Mateo 15:8-9).

Si bien el paganismo era un "continuo" transgredir, hay algo peor: la "abominación desoladora" de una profesión de cristianismo vacía y apóstata.

El pagano puede despertar a un sentido de su necesidad de un Salvador del pecado. Pero resulta casi imposible despertar la conciencia y corazón de aquel que siente que su vana profesión de cristianismo lo pone en una situación de "me he enriquecido y de nada tengo necesidad" (Apocalipsis 3:17). Multitudes que han sido engañadas por el "cuerno pequeño" o "abominación asoladora", permanecen en un estado de ceguera como el de los antiguos judíos, no habiendo recibido nunca a Cristo en el corazón como único Sacrificio por el pecado, y como único Salvador del pecado.

En el libro de Daniel el Señor ha separado la cortina y expuesto al "misterio de iniquidad" (2 Tesalonicenses 2:7). Lo hace con el propósito misericordioso de proporcionar luz, y para advertirnos de que prestemos oído a la voz del genuino Buen Pastor.

Al poco de bautizarse, Clodoveo inició una serie de guerras para someter a la Iglesia de Roma los restos de oposición entre los reyes no católicos de Europa. A comienzos del año 497 lanzó una campaña contra los visigodos a quienes conquistó, matando a su rey. En el año 508, Teodorico, el último de los reyes que se oponía a la fe de Roma, luchó contra Clodoveo. Aunque parecía tener de su parte la ventaja militar, por alguna extraña razón hizo las paces con él. Fue entonces cuando murió el paganismo político, el "continuo". Aquel mismo año surgieron Clodoveo y la Iglesia de Roma como los dueños incontestables de Europa. Quedaba despejado el camino para el completo establecimiento del papado, que tendría lugar 30 años después: el 538 de nuestra era.

Daniel 12:12-13: Bienaventurado el que espere y llegue a mil trescientos treinta y cinco días. En cuanto a ti, tú irás hasta el fin y reposarás, y te levantarás para recibir tu heredad al fin de los días.

Es razonable concluir que los 1335 "días" tienen su inicio coincidiendo con el inicio de los 1290 "días" (simbólicos).

Sumando 1335 al año 508 nos lleva al año 1843. ¿Cómo podemos considerar especialmente bendecidos quienes vivieron en aquel tiempo?

En Daniel 8:14 hemos visto que la hora del juicio de Dios comenzó en 1844. Fue entonces cuando los 2300 años llegaron a su fin. En ese tiempo se comenzó a predicar el mensaje de la hora de su juicio "a los habitantes de la tierra, a toda nación, tribu, lengua y pueblo" (Apocalipsis 14:6). Los que vivían en aquel tiempo —y los que vivimos ahora— fueron (somos) más bendecidos que cualquier generación precedente. Jesús dijo a sus contemporáneos: "Bienaventurados vuestros ojos, porque ven; y vuestros oídos, porque oyen. De cierto os digo que muchos profetas y justos desearon ver lo que veis, y no lo vieron; y oír lo que oís, y no lo oyeron" (Mateo 13:16-17). El nuestro es el tiempo de "la purificación del santuario". Estamos en el glorioso cumplimiento de la profecía inspirada que el ángel transmitió. Estamos ante el súbito y prodigioso aumento de "la ciencia". Pronto vamos también a ver a Jesús viniendo del cielo con las nubes.

Daniel no ascendió al cielo tan pronto como murió, aunque ciertamente fue santo mediante su vida de fe. El ángel le dijo que reposaría en su sepulcro hasta el "fin de los días". Entonces recibirá su "herencia", que en original griego es gorál: "destino" o "suerte", como traduce la Biblia RV 1909. Y ese destino se decide en el juicio, cuando los nombres de todos los que fallecieron profesando la fe de Cristo —entre ellos Daniel— sean investigados. "Pues Dios traerá toda obra a juicio, juntamente con toda cosa oculta, sea buena o sea mala" (Eclesiastés 12:14).

Pero creemos que el destino de Daniel quedó asegurado al haber confesado y abandonado sus pecados. Pasó su vida entera al abrigo del Altísimo y bajo la sombra del Omnipotente (Salmo 91:1). Tal como pasa con el sarmiento y la vid, moró en Cristo, la Vid viviente, mediante una comunión constante con Dios, un esmerado estudio de su Palabra y la elección constante de creerle y servirle. En su corazón había ya vida eterna como fuente de agua de vida que mana, refrescando a todos los que le rodeaban. Su muerte fue sólo un sueño. Estará entre "los que son tenidos por dignos de alcanzar aquel siglo y la resurrección de entre los muertos" (Lucas 20:35), tal como afirmó el Salvador. ¿Estaremos tú y yo con él?

Apéndice

El autor ha procurado expresarse de forma que pueda ser comprendido por quienes no están familiarizados con la profecía de Daniel. Este Apéndice va dirigido a quienes tienen cuestiones relativas a algunos puntos especiales.

Los seguidores del método "histórico-crítico" de estudio de la Biblia —también llamado "alta crítica"— sugirieron que el libro de Daniel se escribió en el siglo segundo (no en el sexto) antes de Cristo. La razón es que la "alta crítica" no cree en la profecía bíblica. Creen que es imposible que un profeta "vea" lo que va a suceder en el futuro. En consecuencia, deducen que el libro de Daniel tuvo que escribirse después que sucedieran los acontecimientos descritos en la "profecía", que ya no sería profecía sino historia.

De ser cierto, el libro de Daniel sería una falsificación de alguien que buscó engañar a sus lectores. El argumento esgrimido es que el lenguaje arameo empleado en Daniel (desde 2:4 a 7:28, el resto está en hebreo) correspondería al que se solía hablar en el segundo siglo antes de Cristo más bien que al sexto. Pero en los "Rollos del Mar Muerto" de Qumram, el Aramaic Genesis Apocryphon aporta ahora evidencia inequívoca de que el lenguaje arameo de Daniel no es el del segundo siglo, sino mucho más antiguo.

La Septuaginta (LXX), que es la traducción al griego del Antiguo Testamento, se hizo alrededor del segundo sigo antes de Cristo, e incluye el libro de Daniel. Eso demuestra que el libro que lleva el nombre del profeta era bien conocido y aceptado desde mucho tiempo antes como genuina profecía.

Además, el libro no pudo haber sido escrito durante el siglo de los macabeos ni puede referirse a acontecimientos de aquel tiempo, ya que no refleja adecuadamente la historia de aquellos años.

Hay un solo detalle histórico importante en el libro de Daniel que la arqueología no haya corroborado todavía: la identidad de Darío de Media (Daniel 5:31 y 6:1). Dado que la confiabilidad de Daniel ha quedado establecida por multitud de descubrimientos arqueológicos, ¿acaso no debiéramos confiar en su veracidad a falta de poder confirmar ese detalle? Samuel Taylor Coleridge dijo: "Cuando encontramos un error aparente en un buen autor, debemos concluir que somos ignorantes sobre lo que él comprende, hasta estar seguros de que comprendemos lo que él ignora" (Citado por Oswald T. Allis, The Five Books of Moses, p. 125).

Daniel 1:1-5

Es clara la evidencia arqueológica de que los judíos fueron llevados cautivos a Babilonia en el exilio:

(1) La cerámica desenterrada en Palestina en la época anterior al exilio es diferente a la que se encuentra después de él, no habiéndose encontrado ninguna entre ambos períodos (William F. Albright, Archaeology of Palestine and the Bible, p. 171).

(2) El cilindro de Ciro registra en caracteres cuneiformes la acción del rey Ciro al permitir a los cautivos regresar a sus hogares, en armonía con lo escrito en Esdras 1:2-3.

(3) Lo que sigue es interesante:

"En las ruinas de un edificio abovedado cercano a la puerta de Ishtar (de Babilonia) ... se desenterraron cerca de 300 tablillas cuneiformes ... fechadas entre los años 595 y 570 antes de Cristo, conteniendo listados de productos como cebada y aceite, que se habían pagado a los artesanos y cautivos que vivían en Babilonia y cerca de ella por aquel tiempo ... Pero el nombre más significativo para nosotros es nada menos que el de Yaukin, rey de Judá, junto al que figura un listado de cinco príncipes reales" (Jack Finegan, Light from the Ancient Past, p. 188. "Yaukin" es Joaquín, rey de Juda, hijo de Joacim (2 Crónicas 36:4 y 8).

"Hay confirmación adicional del estatus de Joacim en Babilonia, en el hallazgo en Palestina de tres asas de vasija estampadas con la inscripción: 'Pertenecen a Eliakim, amo de Yaukin'" (G. E. Wright, The Study of the Bible Today and Tomorrow, p. 178).

"Las invasiones de Nabucodonosor en 605, 597 y 597-586 antes de Cristo ocasionaron gran daño y destrucción a Judá. Hallazgos arqueológicos muestran que muchas de las ciudades de Judá fueron destruidas y no se volvieron a edificar, hecho que evidencian particularmente las excavaciones en Azekah, Bethshemesh y Kijath-Sepher" (Joseph P. Free, Archaeology and Bible History, p. 227). W. E. Albright afirma que esas excavaciones muestran que "las ciudades fueron, no sólo completamente destruidas por los caldeos en sus dos invasiones, sino que se mantuvieron inhabitadas durante generaciones, o bien deshabitadas por siempre a lo largo de la historia".

Daniel 1:12-16

En las naciones "desarrolladas" de occidente, más de un 50% de los que hoy viven están condenados a morir de enfermedades cardíacas o del aparato circulatorio, en gran parte debidas al consumo de carne o de productos de origen animal que elevan los niveles hemáticos de colesterol y favorecen la coagulación de la sangre. Otras causas son los alimentos refinados, el exceso de grasas en la dieta, el tabaco, el alcohol y la falta de ejercicio físico. El ejemplo de Daniel de una dieta saludable, sencilla y vegetariana puede significar para ti una vida más feliz y prolongada.

Daniel 2:38-40

El oro se empleó en Babilonia con mayor profusión que en Medo-Persia, Grecia o Roma:

"Las paredes de la cámara de Merodac tienen que brillar como soles, el salón de ese templo ha de estar recubierto de oro bruñido, lapislázuli y alabastro; y la capilla de su señoría, que un rey precedente había fabricado en plata, Nabucodonosor ordenó que se recubriera de oro bruñido. El techo de E-kua y de la cámara de Merodac también están recubiertas de oro bruñido" (Charles Boutfiower, In and Around the Book of Daniel, Kregel Publications, Grand Rapids, MI: 1977, pp. 25, 26).

Medo-Persia tenía riqueza, pero no utilizaba el oro de forma tan extravagante como lo hacía Babilonia. Los soldados griegos eran conocidos por el uso generoso del bronce (o bien latón) en su armadura. Ezequiel menciona mercaderes de Grecia comerciando con "utensilios de bronce" (27:13).

Daniel 3:5, 7 y 10

Los nombres de esos instrumentos de música evidencian que el libro de Daniel se escribió realmente en los días del Imperio babilónico. Esos instrumentos habían sido importados de Grecia a Babilonia en una época tan temprana como esa. La lista no incluye ningún instrumento hebreo.

Un artículo escrito en 1946 en la Enciclopedia Britannica sugería una fecha más tardía para el libro de Daniel, en parte por ese listado de instrumentos. Pero en una edición posterior, el nuevo artículo sobre Daniel reconoció la creciente evidencia arqueológica de una fecha temprana.

Daniel 4:33

Algunos críticos han cuestionado que Nabucodonosor sufriera realmente esa enajenación mental, debido a que nadie ha encontrado hasta ahora una inscripción oficial babilónica admitiendo tal cosa. No obstante, es lógico que no se quisiera publicitar algo tan embarazoso como aquel episodio. ¡No sabemos de una sola tumba cuyo epitafio diga que el finado enloqueció! Además, sólo se ha descubierto una pequeña parte de los registros oficiales de la antigua Babilonia.

Pero sabemos de un incidente registrado por Ebydenus y reportado por Eusebio a propósito de que el rey Nabucodonosor pronunció una profecía loca y "desapareció inmediatamente, sucediéndolo en el trono su hijo Evil-merodac". Beroso, otro historiador de los babilonios sugiere que algo no iba bien. Informa que Nabucodonosor comenzó un proyecto de edificación, y entonces "cayó enfermo y murió tras haber reinado cuarenta y tres años". Parecen más que indicios de que el relato de la Biblia es cierto.

Daniel 5:1 y 30

Casi es divertido observar como la "alta crítica" ha resultado reprendida y refutada por descubrimientos que demuestran la realidad del personaje de Belsasar, a quien Nabonido confió el reino en los últimos días del Imperio babilónico. Un erudito contemporáneo declara:

"De todos los registros no babilónicos referidos a la situación al final del Imperio neobabilónico [caldeo, el iniciado con Nabucodonosor], el capítulo quinto de Daniel sigue en precisión a las tablillas cuneiformes … Cabe interpretarlo como excelente, ya que atribuye poder real a Belsasar y reconoce que en el renio existió una relación dual. Documentos babilónicos cuneiformes del siglo sexto antes de Cristo aportan evidencia diáfana de la corrección de … la narrativa bíblica relativa a la caída de Babilonia … La historia escrita en griego desde comienzos del siglo tercero antes de Cristo hasta el quinto guarda un silencio absoluto sobre Belsasar … El total de la información encontrada en todos los documentos fechados posteriormente a los textos cuneiformes del siglo sexto antes de Cristo … no habría podido proporcionar el material necesario para el marco histórico del quinto capítulo de Daniel" (Raymond P. Doughtery, Yale University, Nabonidus and Belshazzar, 1926, pp. 199, 200).

La historia de cómo fue tomada cautiva Babilonia está igualmente documentada en fuentes históricas. El propio Ciro refiere la historia (Ancient Near Eastern Texts Relating to the Old Testament, editada por J. B. Pritchard, Princeton, 1955, pp. 312-316).

Bajo la arena de la antigua Babilonia se han recuperado más de diez mil tablillas escritas que nos aportan información formidable sobre la ciudad. El libro de Daniel supera la prueba de la historia.

Daniel 7:25

Siguen declaraciones adicionales relativas al papado jactándose de haber cambiado la santa ley de Dios:

"O bien la Ley [de los diez mandamientos] permanece en toda su fuerza y en la plenitud de sus requerimientos literales, o bien caducó junto a las ceremonias judías ... Si no existe, abandonemos una observancia simulada de [cualquier] otro día de domingo en su lugar. 'Pero —dirá alguien— fue cambiado del séptimo día [sábado] al primer día [domingo]'. ¿Dónde? ¿Cuándo? ¿Por quién? Nadie puede responderlo. No. Nunca se cambió ni es posible cambiarlo, a menos que la creación se cambie juntamente con él, ya que la razón asignada [a su observancia] debe cambiarse antes de que se pueda cambiar la observancia. El supuesto cambio del Sabat desde el séptimo al primer día de la semana [domingo] no es más que una fábula profana y de viejas [1 Timoteo 4:7]. Si se cambió, fue por ese augusto personaje que cambia los tiempos y la ley exoficio —creo que su nombre es DOCTOR ANTICRISTO" (Alexander Campbell, The Christian Baptist, 2 febrero 1824).

"Pregunta: ¿Qué autoridad bíblica existe para cambiar el sábado del séptimo día al primer día de la semana [domingo]? ¿Quién dio al papa autoridad para cambiar el mandamiento de Dios?

Respuesta: Si la Biblia es la única guía para los cristianos, entonces el adventista del séptimo día está en lo correcto en su observancia ... del sábado ... Pero los católicos aprenden a creer y a hacer a partir de la Iglesia católica, que es la autoridad divina e infalible establecida por Jesucristo" (Padre B. L. Conway, The Question Box, p. 243, edición de 1971; Roman Catholic).

Daniel 7:9-11, 22 y 26

Hay vínculos que relacionan los capítulos 7 y 8 de Daniel. Ambos hablan del "cuerno pequeño" que persigue y pisotea al pueblo de Dios, y que blasfema al Dios del cielo. Ambos describen el juicio que condena al "cuerno pequeño" y vindica al pueblo de Dios. Daniel 7 indica que el juicio tiene lugar después de los 1260 años de poder temporal o supremacía del papado, pero antes de que reciba su reino el Hijo del hombre (versículo 13). Daniel 7 no proporciona un período de tiempo para el juicio, pero sí el capítulo 8, versículo 14: 2300 días proféticos, que son años literales. Así, Daniel 7 prepara el terreno para Daniel 8.

Algunos estudiosos de la Biblia no comprenden la realidad de un juicio de investigación previo a la segunda venida de Cristo. Observa estos comentarios de un erudito que sí lo comprende:

"La idea extendida consiste en que ... los muertos serán todos ellos resucitados simultáneamente, y todos los vivos serán transformados simultáneamente, y que sólo entonces se establecerá el juicio para ... [decidir] el destino final de cada uno ... pero eso no armoniza con el claro texto de las Escrituras ... Hay un error maligno y engañoso entretejido en la idea popular. Muchos consideran la resurrección como simplemente el paso previo al juicio, y ven el propio juicio como algo distinto a la resurrección, algo que viene después de esta ... Creen que los muertos deben ser resucitados con el propósito de ser juzgados. La verdad es que la resurrección, así como los cambios que tendrán lugar en los vivos 'en un abrir y cerrar de ojos' son los frutos y realizaciones del juicio que lo ha precedido.

Son la consecuencia de adjudicaciones que se han decidido ... Las resurrecciones y las traslaciones son resultados de juicios ya realizados sobre los muertos y sobre los vivos respectivamente. Los muertos en Cristo resucitarán primero, debido a que han sido ya previamente juzgados y se ha determinado que están en Cristo, y los santos vivientes son arrebatados juntamente con ellos en las nubes (1 Tesalonicenses 4:15-17) debido a que ya se ha juzgado y determinado que son santos y tenidos por dignos de alcanzar ese siglo [Lucas 20:35]" (J. A. Seiss, The Apocalypse, 12a edición, vol. I, pp. 322-326).

Daniel 8:9-14

Algunos comentadores han comprendido el "cuerno pequeño" como representando al rey sirio Antíoco Epífanes. Hay buenas razones para aclarar esa confusión al respecto:

"No hay cómputo posible por el que esos dos mil trescientos días se puedan acomodar a los tiempos de Antíoco Epífanes, incluso si se toman los días como días literales" (Thomas Newton, Dissertations on the Prophecies, London: Thomas Tego, 1846, p. 258).

"El cuerno de una bestia jamás representa a una persona individual. Significa siempre un nuevo reino, y el reino de Antíoco era antiguo. Antíoco reinó sobre uno de los cuatro cuernos, pero [según la profecía] el cuerno pequeño era un quinto reino con sus propios reyes. Ese cuerno era al principio pequeño, y se hizo extremadamente grande, pero ese no fue el caso de Antíoco ... Por el contrario, su reino fue débil y supeditado a los romanos. Y no creció. [Según la profecía] el cuerno era 'altivo de rostro ... su poder se fortalecerá ... causará grandes ruinas y prosperará' [Daniel 8:23], pero Antíoco se atemorizó ante Egipto por un simple mensaje de los romanos, y después los judíos lo dejaron derrotado y desconcertado ... El cuerno pequeño echó por tierra el santuario [Daniel 8:11], lo que Antíoco nunca hizo: dejó el santuario en pie. El santuario y el ejército fueron pisoteados por dos mil trescientos días, pero la profanación del templo de Antíoco no duró todos esos días naturales" (Sir Isaac Newton, Observations upon the Prophecies of Daniel and the Apocalypse, comments on Daniel 8).

Daniel 8:14

¿Son los 2300 días años literales? Así traduce el versículo la versión The Good News Bible: "Oí al otro ángel responder: 'Continuará por 1150 días...'". Algunos eruditos que ven a Antíoco Epífanes como el "cuerno pequeño" piensan también que las "2300 tardes y mañanas" se deben entender como 1150 días literales, o 1150 sacrificios matutinos y 1150 sacrificios vespertinos. Pero esa no es una traducción, sino una interpretación. El lenguaje hebreo es claro: "2300 tardes-mañanas", y no permite su división en dos partes. Cuando el Antiguo Testamento habla de los sacrificios diarios no dice jamás "tardes-mañanas", sino "sacrificaran continuamente, por la mañana y por la tarde, holocaustos" (1 Crónicas 16:40) [observa que mañana y tarde aparecen en orden inverso a la expresión "tardes-mañanas"]. Y esas dos ofrendas se las consideraba como un todo (Números 28:4 y 8), no siendo posible disociarlas en dos mitades.

La expresión hebrea "tardes-mañanas" se emplea en la Biblia para denotar días ordinarios:

"Y fue la tarde y la mañana del primer día" (Génesis 1:5, ver también levítico 24:3). C. F. Keil, un respetado experto en hebreo dice respecto a Daniel 8:14: "Un lector hebreo no podría de modo alguno entender el período de tiempo de 2300 tardes-mañanas como siendo 2300 medios días o 1150 días completos, ya que 'la tarde y la mañana' en la creación no denotaba la mitad de un día, sino el día completo … Por consiguiente, debemos tomar las palabras por lo que dicen y entender que son 2300 días completos" (Biblical Commentary on the Book of Daniel, 1949, p. 304; la mayoría de las traducciones los reconocen como 2300 días).

Ningún experto ha sido capaz de encajar en la historia de Antíoco Epífanes ni los 2300 ni los 1150 días literales. Es obvio que el Espíritu Santo no tenía a Antíoco como el representado en esa profecía. La profecía simbólica en la Biblia requiere que cada día corresponda a un año literal. Esa clave permite comprender las profecías de Daniel y Apocalipsis, y aclara de forma lógica sus períodos de tiempo.

Estas son algunas de las razones bíblicas que sostienen el principio día—año:

(1) El principio día—año armoniza con la interpretación de las bestias simbolizando reinos, cuernos simbolizando poderes, océanos simbolizando gentes, etc. Sería insensato hacer una excepción en estas profecías simbólicas al tomar el tiempo de forma literal.

(2) Tal como ya se ha comentado, la Biblia apoya ese principio (Números 14:34 y Ezequiel 4:6). Es el Señor quien habla en ambos textos. "Día por año, día por año te lo he dado".

(3) Los 2300 días de Daniel 8:14 cubren la historia de los Imperios medo-persa, griego y romano tal como especifica el ángel en los versículos 19 al 26, comenzando así: "Yo te enseñaré lo que ha de venir al fin de la ira; porque eso es para el tiempo del fin". Esos tres imperios permanecieron

muchísimo más tiempo que 2300 días literales. Fuera del principio día—año no hay fórmula que se pueda aplicar.

(4) La palabra hebrea para día, yom, se la encuentra en el libro de Daniel en otras dos profecías de largo tiempo relacionadas: los 1290 y los 1335 días del capítulo 12 (versículos 11-12). Eso es indicativo de que en Daniel 8:14 se deben entender también como días—años.

(5) Daniel 11 es sin duda una expansión de la profecía de Daniel 8, cubriendo el mismo período de tiempo. Sin embargo, Daniel 11 no emplea lenguaje simbólico sino directo. Por tres veces habla de "años" (versículos 6, 8 y 13) de forma paralela a los "días" de Daniel 8:14. Así, Daniel 8 y 11 están entrelazados, y dan apoyo al principio día—año.

(6) El ángel dijo a Daniel de forma reiterada que esas profecías concernían al "tiempo del fin" (Daniel 8:19 y 26; 10:13-14). Eso carecería de sentido si los días fueran literales. Significaría que las profecías del libro de Daniel se cumplieron antes del tiempo de Cristo, en cuyo caso su admonición "el que lee, entienda" (Mateo 24:14) sería irrelevante.

(7) Cuando el Antiguo Testamento se refiere a tiempo literal dice llanamente "años". Por ejemplo, David reinó en Hebrón "siete años y seis meses" (2 Samuel 2:11). Pero en Daniel 7:25 tenemos la expresión inusual "tiempo, tiempos y medio tiempo". El libro de Apocalipsis aclara que ese período sigue en vigencia (profética) en los días de Juan (Apocalipsis 12:14 y 6; 13:5). Por consiguiente, hay una sola forma de comprenderlo: tiempo profético, en el que cada día representa un año. De haber sido tiempo literal, se habría cumplido mucho tiempo antes de los días de Juan y no habría razón para repetirlo o hacer referencia a él.

(8) Cuando la Biblia habla de tiempo ordinario no se refiere a un período de más de un año como 'muchos días', sino que se expresa de forma natural. Por ejemplo: "tres años y seis meses" (Lucas 4:25). Pero las profecías no lo hacen así. Siempre dicen "1260 días", "42 meses", etc. Por lo tanto, es claro que se trata de tiempo simbólico, no literal.

(9) Las "bestias" son animales de vida corta; pero representan a imperios que perduraron por siglos. Es apropiado el principio de un día por un año.

(10) La tierra rota sobre su eje una vez al día, pero orbita alrededor del sol una vez al año. Tiene lógica que en los símbolos proféticos se emplee el primero como símbolo del segundo (ver Génesis 1:14).

(11) Dios es sabio al hablar a su pueblo acerca de eventos que han de suceder en el futuro lejano, de una forma en que su verdadera duración no sea comprendida al dar la profecía, pero permitiendo que se comprenda al acercarse el fin. Cristo, como Hijo de Dios, tenía un conocimiento del período de tiempo que habría entre su primera y su segunda venida; no obstante, dejó que su pueblo lo descubriera siglo tras siglo a partir de estas profecías.

Estas son "señales" de la proximidad de su segunda venida, y de que el nuestro es realmente "el tiempo del fin". Esas profecías, leídas superficialmente, parecen como un esqueleto sin vida. Pero estudiadas a la luz de la historia y de las verdades del mensaje del evangelio, y al ver revelados los grandes propósitos de Dios, resultan revestidas de carne hasta conformar la persona viviente al completo en pie ante nosotros. El principio divinamente inspirado del día—año hace posible que las comprendamos.

(12) La prueba final para las profecías de Daniel es esta: ¿se corresponden con los hechos históricos que predicen? Comprender los 2300 "días" como literales no tiene ningún sentido aplicado a la historia de Antíoco Epífanes ni a la de ningún otro poder. Las 70 semanas de Daniel 9:24 cuadran perfectamente como 490 años literales contando desde el 457 antes de Cristo hasta el 34 de nuestra era, y los tres y medio "tiempos" de Daniel 7:25 cuadran como 1260 años literales. Negar el principio día—año significa convertir Daniel y Apocalipsis en irrelevantes para nuestro tiempo, poniendo así en duda la profecía de Cristo en Mateo 24.

¿Cuál es el santuario que ha de ser purificado? No puede ser el templo judío en Jerusalén, que fue destruido el año 70 de nuestra era y que había perdido el significado desde la muerte de Cristo. Tampoco puede ser la tierra de Palestina o la de Judá, ya que "limpieza" o "purificación" carecen de sentido aplicados a territorio.

La Biblia aclara lo que significa el "santuario" de Daniel 8:14:

(1) Daniel 7:9-10 habla de una corte celestial donde "fueron puestos unos tronos", "el Juez se sentó y los libros fueron abiertos". Dado que Daniel 8 desarrolla en mayor amplitud la verdad de Daniel 7, es claro que el "santuario" es la misma corte judicial.

(2) El trono de Dios ocupa el centro de su templo o santuario en el cielo (2 Crónicas 18:18; Salmo 11:4).

(3) La respuesta natural a nuestra pregunta está en el libro de Hebreos, en el Nuevo Testamento. Allí leemos que el santuario del Antiguo Testamento en tiempos de Moisés era simplemente una "sombra" o figura del verdadero santuario

celestial en el que Cristo ministra como Sumo Sacerdote (Hebreos 8:1-2 y 5; 9:1-24, etc.). Por consiguiente, el santuario celestial es la sala o sede del trono en el cielo, el centro del gobierno de Dios en relación con la "guerra civil" provocada por Satanás mediante su invención del pecado. El santuario es la sede central del ministerio de Cristo a favor de todos los que creen en él, el centro neurálgico de la gran controversia entre Cristo y Satanás. Lo que sucede en el santuario es más trascendente que cualquier noticia terrenal de carácter político, militar o económico. Los imperios surgen y caen, las civilizaciones vienen y van, pero lo que realmente importa a la seguridad de la tierra y del cielo es la victoria de Dios sobre la rebelión de Satanás. El santuario celestial es el centro de ese conflicto. Debido a eso todo el que cree en Cristo lo seguirá por la fe en su obra final en el santuario celestial.

¿En qué consiste la purificación del santuario? ¿Es "purificado" la traducción correcta de Daniel 8:14? La palabra hebrea es nisdaq. Incluye los siguientes significados: "rectificar", "vindicar" y "restaurar"; también "limpiar" y "purificar" están incluidos. Las traducciones más antiguas (la LXX griega, la traducción al latín, la siríaca y la copta etíope) traducen todas ellas "limpiado". La palabra hebrea sadaq (relacionada con nisdaq) se emplea en el Antiguo Testamento con el significado de "limpio" o "puro" (Job 4:17; 17:9: 15:14; 25:4). En 1948 la Sociedad Judía de América publicó un ensayo del Dr. H. Louis Ginsberg en el que afirma que el original de Daniel 8:14 dice "limpiado".

Además, existen palabras clave que relacionan Daniel 8:14 con Levítico 16, el capítulo que describe la limpieza o purificación del santuario terrenal en el día de la expiación. La palabra "santuario" en Daniel 8:14 (qodesh) se usa en varias ocasiones en Levítico 16 (versículos 2, 3, 16, 17, 20, 23 y 27) y se refiere en todos los casos a la limpieza o purificación del lugar santísimo, o segundo departamento del santuario. La misma palabra (qodesh) se emplea en 1 Crónicas 23:28 en relación con limpieza o purificación. La pregunta del ángel: "¿Hasta cuándo durará ... la prevaricación [transgresión]?" contiene la misma palabra (pésha) que en Levítico 16:1 y 21 tiene el sentido de que los pecados del pueblo de Israel que contaminaron el santuario debían ser "limpiados" (versículo 19) o "purificados" (versículo 16) en el Día de la expiación. Esos eslabones conforman la cadena que une Daniel 8:14 con Levítico 16, y evidencian que en Daniel 8:14 el ángel se está refiriendo a la limpieza o purificación del verdadero santuario celestial en el que Cristo es Sumo Sacerdote (ver también Hebreos 9:23).

Daniel 9:24-27

En la interpretación de ese texto se ha popularizado la llamada "teoría de la brecha" respecto a las 70 semanas, a la prestaremos atención. Sus puntos principales son:

(1) En la profecía de Daniel 9 se debe separar la última semana, la número 70, de las 69 semanas que la preceden. Y es necesario desplazar esa última semana al futuro lejano: justo antes de la segunda venida de Cristo.

(2) El que va a confirmar "el pacto con muchos" en Daniel 9:27 es el anticristo, no el Cristo verdadero. Según esa teoría, el anticristo no es el sistema del papado que ya ha venido existiendo en la historia, sino un misterioso individuo que aparecerá en el futuro (fueron teólogos jesuitas quienes inventaron esa teoría, en el tiempo de la contrareforma).

(3) Israel y los judíos siguen siendo la "nación escogida" de Dios, y la iglesia cristiana [del Nuevo Testamento] no está concernida en la profecía de Daniel 9:24-27 ni en ninguna de las profecías.

(4) Todas las aplicaciones de las profecías bíblicas se paralizan con la muerte de Cristo, y todo el mundo ha estado en un estado de suspensión desde entonces. "El reloj de tiempo profético dejó de hacer tic-tac" en ese momento, y no volverá a ponerse en marcha hasta que la semana 70 de la profecía de Daniel recomience al final de lo que ellos llaman "el tiempo de la iglesia" y la restauración de los judíos literales como pueblo escogido de Dios.

Siguen algunas de las razones por las que esa "teoría de la brecha" es una interpretación contraria a la Biblia:

(1) En la profecía no hay el más leve indicio de que se deba separar la semana 70a de la secuencia lógica de las 69 semanas que la preceden. Abrir esa brecha entre ambas es pura arbitrariedad. Es tan irrazonable como abrir una "brecha" que separe en dos bloques distantes la profecía de Jeremías de las setenta semanas de cautividad. Además, si no hay brecha entre las "siete semanas" y las "sesenta y dos semanas", ¿por qué habría de haberla entre la semana 69 y la 70?

(2) La teoría de la brecha es una hija del papado. Es una maniobra para evadir la realidad de que la profecía lo señala como el "cuerno pequeño" de Daniel 7 y 8, "el hombre de pecado" de 2 Tesalonicenses 2 y la "bestia" de Apocalipsis 13. Los reformadores protestantes del siglo XVI reconocieron sin ambigüedad al papado como el cumplimiento de esas profecías. Multitudes de cristianos despertaron al ver al papado como la verdadera personificación del anticristo profético. Entonces el papado convocó el concilio de Trento a

fin de encontrar alguna forma de esquivar esa acusación, ya que se trataba de una identificación tan evidente como preocupante.

Luis de Alcázar, un jesuita español, inventó la idea de que Antíoco Epífanes era el poder representado en el "cuerno pequeño", y que la "bestia" de Apocalipsis 13 fue el Imperio romano pagano, quien persiguió a la temprana iglesia cristiana [del Nuevo Testamento]. En otras palabras: el "anticristo" vino mucho antes que se estableciera el papado. Esa era una forma de desviar del papado el dedo profético señalador. El jesuita Alcázar era un fiel servidor de la Iglesia católica. Hoy se conoce su posición como el "preterismo" [es una acción derivada de la contrarreforma católica iniciada en el concilio de Trento, lo mismo que la teoría que sigue].

Por otro lado, el también jesuita español Francisco de Ribera presentó una idea totalmente contraria. Vio que la idea preterista tenía grandes dificultades. Según él, el anticristo será un individuo que aparecerá en el futuro lejano y que regirá por tres años y medio de tiempo literal, reconstruirá el templo en Jerusalén, negará a Cristo, abolirá el cristianismo, será recibido por los judíos, pretenderá ser Dios, etc., y así cumplirá las profecías de Daniel y de Apocalipsis. Su posición se llama "futurismo".

Ambas teorías destruyen las profecías al convertir a Daniel y Apocalipsis en irrelevantes para nuestros días. Tergiversan Daniel 9:24-27, apartándolo de su verdadero contexto. Son teorías absolutamente especulativas, son "interpretaciones privadas" (2 Pedro 1:20) sin respaldo en las Escrituras, tal como veremos.

En la Biblia no hay nada que indique que el anticristo hace un "pacto" con alguien en los últimos días o en cualquier otro tiempo. Jesús citó estas palabras de Daniel en referencia a su propia obra, cuando dijo a sus discípulos en su última cena: "Esto es mi sangre del nuevo pacto que por muchos es derramada para perdón de los pecados" (Mateo 26:28). Estamos en terreno mucho más seguro al seguir la aplicación que hizo Jesús de esa profecía, que al seguir la de los jesuitas.

Es triste decirlo, pero muchos protestantes modernos han aceptado irreflexivamente esa doctrina jesuita llamada "futurismo". No comprenden su verdadero origen.

(3) El propósito de Daniel 9:24-27 era entre otras cosas advertir de que a menos que los judíos se arrepintieran, las 70 semanas (490 años) sería su última oportunidad como nación para desempeñar su obligación como verdadero "pueblo escogido" por Dios. Si rechazaban y crucificaban a su Mesías, y se confirmaban rechazando a sus apóstoles, eso sellaría su trágico destino como el Israel de Dios. De acuerdo con la Biblia, los verdaderos "judíos" son los que creen en Cristo (Romanos 2:28-29; Gálatas 3:28-29). Por consiguiente, la iglesia cristiana fiel es hoy el Israel de Dios.

Todo judío puede arrepentirse individualmente y creer en Jesús, lo mismo que quienes no son judíos, y Dios declara que aún ama a los judíos (Romanos 11:1-5). Entre ellos va a haber un "remanente" que al final del tiempo aceptará el evangelio. Dios ha permitido a la nación y raza judía continuar como un testigo de su antiguo pacto, pero el ángel señaló a Daniel que el rechazo final del Mesías por parte del pueblo judío sería el fin de su honor especial como nación escogida de Dios.

(4) La idea del reloj profético que se para con la muerte de Cristo convierte en irrelevantes las profecías de Daniel 2, 7, 8, 9, 11 y 12. Es simplemente una treta para desviar la atención

que Dios centra en el papado, al que representa mediante el "cuerno pequeño" y la figura del anticristo.

Daniel 11:36-45

Reconocemos con franqueza que hay interpretaciones diversas, algunas de ellas en conflicto con otras, sobre ese pasaje. Es posible que la controversia y la confusión aparten de nuestra vista verdad de valor inestimable. Algunos pueden sentirse desanimados por esas divergencias y llegar a la conclusión de que Daniel es de interpretación incierta y ambigua.

No obstante, hemos visto que las profecías de los capítulos 2, 7, 8 y 9 son tan claras y directas que es imposible eludir la convicción de que la Biblia se explica realmente a sí misma, y de que es relevante para nosotros hoy. Esas profecías tienen una claridad maravillosa. El que la sección final de una profecía no sea comprendida de la misma manera por todos, ¿hará que abandonemos nuestra fe en todo el resto de la profecía cuyo cumplimiento en la historia ha sido tan claro?

Nos alegra que haya tanto y tan claro como la luz en la profecía que se ha cumplido hasta aquí. Esperamos y oramos porque pronto podamos llegar a una visión diáfana, concreta y unánime de las porciones finales de la profecía de Daniel 11.

"Ninguna profecía de la Escritura es de interpretación privada" (2 Pedro 1:20). Eso descarta una interpretación personal, particular; y ahí está incluido Daniel 11. Tiene que haber una verdadera comprensión de sus partes pendientes de cumplimiento.

Este libro no tiene la intención de aportar o "inventar" alguna interpretación nueva ni tampoco desacreditar a los sinceros y dedicados estudiosos que escribieron al respecto en tiempos pasados o presentes. Este libro se ha escrito con oración, y en el ánimo de que "todos lleguemos a la unidad de la fe y del conocimiento del Hijo de Dios, al hombre perfecto, a la medida de la estatura de la plenitud de Cristo" en este tiempo, de forma que ya no seamos como "niños fluctuantes, llevados por doquiera de todo viento de doctrina" (Efesios 4:13-14).

Esa es la razón por la que el autor ha presentado los puntos de vista históricos en este libro. Mientras que son muchas las voces que han presentado supuesta "nueva luz" sobre el tema en los últimos ochenta años, este autor no ha tenido el privilegio todavía de encontrar una sola voz nueva cuya idea conlleve menos problemas que las voces que han estado hablando por más tiempo y con mayor consistencia de las profecías de Daniel y Apocalipsis.

En la escritura de este libro el autor ha contado con la ayuda de numerosos libros y comentarios, entre los cuales figuran:

Andrews, J. N., **The Three Messages of Revelation**. Nashville: Southern Publishing Association.

Bunch, Taylor G., **The Book of Daniel**. Mimeographed, 1950.

Charles, Robert Henry, **The Book of Daniel**. Edinburgh, T. C. 85 E. C. Jack. nd.

Ford, Desmond, **Daniel**. Nashville: Southern Publishing Association, 1978.

Grotheer, William H., **"Watchman, What of the Night?"** Lamar, AR.: Adventist Laymen's Foundation.

Haskell, Stephen N., **The Story of Daniel the Prophet**. Battle Creek: Review and Herald, 1901.

Holbrook, Frank B., Editor, **Symposium on Daniel**. Hagerstown MD: Review and Herald.

Keil, C. F., **Biblical Commentary on the Book of Daniel**. Grand Rapids, Eerdmans, 1975.

Leupold, H. C, **Exposition of Daniel**. Grand Rapids: Baker Book House, 1975.

Maxwell, Mervyn., **God Cares**, Pacific Press, 1981.

Montgomery, J. A., **A Critical and Exegetical on the Book of Daniel**. Edinburgh: T. & T. Clark, 1964.

Newton, Thomas, **Dissertations on the Prophecies**. London: Dove, 1838.

Nichol, F. D., ed., **The Seventh-day Adventist Bible Commentary**, Washington: Review and Herald, 1953-57.

Price, George McCready, **The Greatest of the Prophets**. Mountain View: Pacific Press, 1955.

Shea, William H., **"Daniel and the Judgment,"** unpublished manuscript. Berrien Springs, Michigan, 1980; "Time Prophecies of Daniel 12 and Revelation 12-13," Symposium on Revelation— Book 1, Hagerstown, MD: Review and Herald.

Smith, Uriah, **Thoughts on Daniel and the Revelation**. Washington: Review and Herald, 1945.

Spangler, Robert, ed. **"Christ and His High Priestly Ministry,"** Ministry Magazine, October, 1980. Washington: Review and Herald.

Wallenkampf, Arnold V., ed., **The Sanctuary and the Atonement.** Vol. I. Washington: Review and Herald, 1980.

Walvoord, John F., **Daniel: The Key to Prophetic Revelation**. Chicago: Moody, 1971.

Wright, Charles H. H., **Daniel and His Prophecies**. London: William & Norgate, 1906.

Young, Edward J., **The Prophecies of Daniel**. Grand Rapids: Eedrmans, 1949.

Libros disponibles en Amazon:

1. El Evangelio en el Apocalipsis, Robert Wieland.
2. Todos los libros de la Serie: El Gran Conflicto en tamaño Grande (A4).
3. Daniel y Revelación Urias Smith en tamaño grande (8,5 * 11).
4. Historia de la Redención en tamaño grande (A4).
5. Los Terroristas Secretos, Bill Hughes.
6. Cristología en los escritos de Ellen G. White, Ralph Larson.
7. 1888 Reexaminado, Robert Wieland.
8. Introducción al Mensaje de 1888, Robert Wieland.
9. El Perfil de la Crisis Venidera (Recopilación de los acontecimientos finales) D. E. Mansell.
10. Preparación para la crisis final Fernando Chaij
11. El Camino Consagrado a la Perfección Cristiana, A. T. Jones.
12. Lecciones sobre la fe, Jones & Waggoner.
13. El Mensaje del Tercer Ángel, Jones.
14. El Evangelio en Gálatas, Waggoner.
15. Tocados por nuestros sentimientos, Jean Zurcher.
16. El Verbo se hizo carne, Ralph Larson.

¡¡¡¡¡MUCHOS MÁS EN !!!!!!

RECUERDE QUE TENEMOS UN CATÁLOGO DE LIBROS

QUE PUEDE SOLICITAR SI SE PONE EN CONTACTO CON NOSOTROS

EN LA DIRECCIÓN DE CORREO ELECTRÓNICO

*Si desea obtener descuentos, sólo podrá ser en un pedido conjunto mínimo de 25 libros o más, ya sean ejemplares sueltos de diferentes libros o al por mayor. Póngase en contacto con nosotros en nuestra dirección de correo electrónico:

lsdistribution07@gmail.com

www.ingramcontent.com/pod-product-compliance
Lightning Source LLC
Chambersburg PA
CBHW070549010526
44118CB00012B/1270